日韓記者・市民セミナー　ブックレット 11

# いま解決したい政治課題

## ――政治と宗教、学校崩壊、定住外国人参政権――

＊目次＊

# はじめに

日韓記者・市民セミナー　ブックレット第11号は、「いま解決したい政治課題―政治と宗教、学校崩壊、定住外国人参政権」をテーマにしました。

統一地方選挙を前にして各政党の候補者が駅前や繁華街で「清き一票」を有権者に訴えています。投票する権利がない在日韓国人が居場所の無さを感じ、自分が何者であるかというアイデンティティ問題に直面する。それが選挙シーズンの在日の心象風景です。

一九九五年二月、最高裁は参政権を求めた在日韓国人の訴えに対して、「永住者が選挙権付与を求めることは憲法上禁止されていない。国家の立法政策に関する事項だ」との憲法判断を下しました。

ボールが国会に投げられてからすでに三〇年近くが経過しようとしていますが、国会の動きは止まったままです。原因の一つが、二〇一〇年二月に自民党の選挙マニュフェストに明記された地方参政権反対表明です。同党は地方参政権について、日本を崩壊へと導く「天下の悪法」だと明言しました。

仮に日本の総人口の二％足らずの在留外国人すべてが参政権を望んだとしても、その力が一国を亡ぼすという考えがいかに荒唐無稽であるか。ことさらに外国人に関連づけて脅威を煽る物言いは、排外主義を生み、ヘイトスピーチやヘイトクライムに道を開きます。それこそ危険思想だと反論せざるを得ません。

かつて「在日に参政権をと言うなら、在韓日本人にも参政権を」と相互主義を持ち出して反対した政党があります。この反対論に対して、韓国は国会の発議により〇五年以降、在韓日本人を含む定住外国人に選挙権を付与しました。

くだんの政党は「在韓日本人と在日韓国人の数が違う」と今度は数を持ち出しました。いみじくも在日のままでの政治参加を阻止したいという度量の狭さ、反対のための反対論であることが露呈しました。

在韓日本人と在日韓国人の差とは何か。それは韓日の「九一年問題」協議で示された通り、世代を引き継いできた在日韓国人の居住性と歴史性が考慮された結果、六五年の韓日協定で付与された協定永住が特別永住に改善されたという事実です。歴史を風化させてはなりません。

安倍晋三元首相が旧統一教会に怨みを持つ男の銃撃で死亡したことにより、カルト教団と自民党との癒着ぶりが一気に表面化しました。

旧統一教会の問題性をずっと追いかけて来た有田芳生さんは「岸信介、安倍晋太郎、安倍晋三と統一教会との関係が連なって来た。オウム真理教の後は統一教会の摘発が予定されていたが、『政治の力』で立ち消えになった」と驚くべき事実を明らかにしています。

竹村雅夫さんは現在の深刻な教員不足を招いた政治介入について「お上に盾つくような教師は一〇年に一度の免許更新講習でクビにする目的で教員免許更新制が導入された。制度を始めたのは第一次安倍内閣の教育再生会議。内閣府直属の首相の私的諮問機関である教育再生会議が決めれば、『総理のご意向』に文科省は抵抗できない」と指摘します。

金泰泳（キム・テヨン）さんは「日本で生まれるすべての子どもたちに日本国籍を与える出生主義を日本でも取り入れたらどうか」と述べた上で、「外国籍住民を日本社会の傍観者ではなくて、当事者にしていくべき。女性や少数民族、障害者など、マイノリティを国会議員や地方議員の何パーセントかに割り当てるクォーター制を導入してはどうか」と問題提起しています。参議院選挙に出馬したのもその思いの延長でした。

「いくら努力しても韓国人だから、朝鮮人だからダメだと言われる。ならば努力などする意味はないいじゃないか」。

自暴自棄から起きる日本社会に対するぬぐい切れない不信感を乗り越え、自ら進んで自分の人生を主体的に生きるという気持ちの表れが、日本国籍取得後に韓国名で出馬する一つの事例を生みました。この事実の重さを在日も日本人も真摯に受け止めるべきだと思います。

二〇二三年四月五日

一般社団法人ＫＪプロジェクト代表　裵哲恩（ペー・チョルン）

# 第1講　民主主義を壊す政治と宗教の癒着
## ――旧統一教会の問題性

有田　芳生――前参議院議員

安倍さんが七月八日に銃撃されお亡くなりになって、テレビは容疑者山上徹也の動機について、特定の宗教団体に対する恨みだと報道しました。これは奈良県警がそう発表したからです。だけどフランスのフィガロなどは「統一教会」という名前をすぐに出していて、私のところにも韓国からすぐ問い合わせが来て、統一教会か創価学会か、どっちだと聞かれました。

七月一一日に統一教会の田中富広会長が記者会見で、山上徹也容疑者のお母さんは信仰を持っていたと発表しました。月に一、二回統一教会の集まりに出掛けて来るというので、一挙に統一教会報道になりました。それから二カ月半、私は毎日統一教会についての資料を読む生活が続いています。

統一教会がなぜ政治に接近するのか、霊感商法をなぜやるのか、山上一家のように一億円を超えるお金をどうして引き出そうとするのか、これらは一つの糸で繋がっています。このことは統一教会の教義を知らなければ理解できません。報道では教義の問題に触れることがほとんどないけれど、非常に根深いものがあるということを、皆様にお話ししたいと思います。

## ＊教祖文鮮明と統一教会

統一教会の文鮮明（ムン・ソンミョン）教祖は一九二〇年に朝鮮半島の北部（北朝鮮）の定州に

生まれました。そして一九四六年、二六歳のときに土着の宗教の混淫教《こんいんきょう》に入ったと言われています。混淫とは混ざり淫する教えです。簡単に言うと、「自分はメシアで原罪がない」「原罪がない自分と女性が関係を持つことで女性の原罪も拭われる」という教えです。それで一九四八年に人妻と男女関係になり逮捕されて、興南《フンナム》の刑務所に入ります。ところが一九五〇年に朝鮮戦争が始まり、混乱の中で逃げ出して韓国に移り、一九五四年に統一教会を設立します。

正式名称は「世界基督教神霊統一協会」で、略称が「統一教会」です。正式名称は「協会」で、アソシエーションですが、略称では「教会」、チャーチなんです。

当時の社会党や日本共産党、キリスト教関係者などは、あんなものは宗教じゃないし正式名称が協会なのだから、略称も「統一協会」だと言って今でもそのように表記しています。朝日新聞や朝日ジャーナルで仕事をしてきた私などは、「統一教会」チャーチと名乗っている以上、あまりこだわらなくていいのじゃないかということで、本でも「統一教会」としています。

統一教会は一九五四年に韓国で成立しましたが、日本には、一九五八年にチェさんという男性信者が密航してきて布教活動を始め、一九五九年に統一教会が成立し、一九六四年に東京都の認証を得て正式に「宗教法人世界基督教統一神霊協会」ができました。

日本では宗教法人ですが、韓国では「世界基督教統一心霊協会有志財団」です。宗教団体というよりも財団という位置づけで活動を強めてきました。

## ＊表の宗教と裏の政治

その統一教会の教えは、あのアダムとエヴァ（イブ）です。統一教会ではエヴァという言い方をします。人類が始まるときから、エヴァが禁断の木の実を食べて堕落したという教えです。禁断の木の実は蛇だったという独特の解釈をして、エヴァはアダムと結ばれる前に蛇と男女の関係を持って堕落したということです。

その堕落を取り除くために必要なのが、文鮮明という再臨のメシアと結ばれることです。文鮮明が選んだ相手と合同結婚式（「祝福」といいます）で結ばれることで罪が償われていく。簡単に言うとそういう教えです。

だから日本でも韓国でもいろんな入信の動機がありますが、若い真面目な女性は合同結婚式で文鮮明教祖が選んだ相手と結婚することによって原罪が償われていくと思うのです。そういう、表《おもて》では宗教の顔をした統一教会が日本にやってきたわけです。

他方で政治との関係では、一九六七年に日本にやってきた文鮮明は、A級戦犯容疑者で船舶振興協会の笹川良一さん、同じくA級戦犯容疑者の児玉誉士夫さんの代理で右翼の白井為雄さん、そして右翼の大物である畑時夫さんなどと「アジア反共連盟結成準備会」を、山梨県の本栖湖畔で開きます。意見の違いがあって、アジア反共連盟はできませんでしたが、その本栖湖会談をきっかけにして、一九六八年の一月に韓国で国際勝共連合をつくり、四月には日本で国際勝共連合をつくりました。その初代の名誉会長に笹川良一さんが就任しました。当時の韓国は朴正熙（パク・ジョンヒ）の軍事独裁政権で、「勝共南北統一」を打ち出していて、それをたくみに使ったわけです。

国際勝共連合の日本の初代会長は久保木修己という人です。立正佼成会の庭野日敬さんの秘書だった人ですが、統一教会に入り国際勝共連合の会長にもなりました。その時の名誉役員の一人がやはりA級戦犯容疑者の岸信介さんでした。そこから政治と統一教会との接点ができました。

私は畑時夫さんに話を聞いたことがあります。国際合同結婚式という異端の宗教が韓国から入ってきて政治家に接近すれば怪しまれただろうけど、共産主義に勝つ、「反共」よりも強い「勝共」ということで接近したので政治家たちも関係を持ち始めるようになったと話していました。

## ＊合同結婚式

合同結婚式について言えば、一九九二年に桜田淳子さんや山崎浩子さんが参加した時は、一般信者の女性たちも三年半ぐらい教団の活動を熱心にやって、資格が出来た人たちが写真を撮りました。ほぼ女性です。その写真が韓国に送られて、文鮮明教祖が、韓国で結婚したいという男性たちとマッチングして合同の結婚式をやりました。

一九九五年になるともっとひどくて、農村の嫁不足が韓国の社会問題になっていたので、「統一教会」と名乗らずに、日本の短大を出た真面目な女性たちが結婚してくれるという形で人を集めました。そして日本の人たちには、真《まこと》のお父様、再臨のメシアである文鮮明教祖がいる韓国に行って嫁ぐことがものすごく意味のあることだと教えました。

日本の学校教育では、朝鮮半島に対する植民地支配の問題についてきちんと教えていません。慰安婦問題を含めて、日本の植民地主義支配のひどさを初めて聞かされ、償いをしなければいけないと教えられると非常に驚くわけです。これは若い女性が入信する動機の一つです。

「写真祝福」と言って写真でマッチングするのですが、理屈では教祖が互いの七代前の先祖に遡ってふさわしい人を選んだなどと言っていました。後になると面倒くさくなって、日本の女性たちの写真をばら撒いて、結婚したいという信者でもない人たちが写真を拾って結婚するというとんでもない人権蹂躙というようなことも行われました。

## ＊深まる自民党との政治利用

それはおかしいんじゃないかと、多くの人たちが思います。ですが一九六八年にできた国際勝共連合という政治の顔は、反共産主義、勝共、共産主義に勝つという非常に激しいもので、七〇年安保に向かって、左右の対立が激しい当時の自民党の皆さんにとっては好都合でした。選挙になれば、相手陣営と物理的、暴力的に戦ってくれます。表の顔としては宗教団体、裏の顔は国際勝共連合、だけどやっているのは同じ信者たちでイコールです。

六〇年安保の当時、岸信介首相のもとで左右の対立が激化する大変な政治状況が生まれました。当時は首相公邸が渋谷区の南平台にあって、たまたまその横に全国高校原理研究会の研修所ができたんです。

だから岸信介さんからすれば、日曜日になると讃美歌を歌ってラジオ体操する若い人たちがすぐ隣にいるので、あれは何だろうと思っていたときに、巣鴨刑務所で一緒だった笹川良一さんから、あの若者たちは愛国者だと教えられて、統一教会に期待するようになりました。それが一九六〇年代半ば以降のことです。

一九六四年に、岸信介さんが住んでいた渋谷区南平台の首相公邸に統一教会が引っ越して、そこを本部にしました。その後二〇一五年に名称変更して「世界平和統一家庭連合」になりましたが、渋谷区の松濤に本部を移すと、親しくしていた岸信介さんが本部に行って、「日本の未来と青年の使命」というような講演をする。そういう関係ができていったんです。

さらに、韓国にある統一教会の本部に岸信介さんが行って、文鮮明教祖と握手をする。

一九七四年五月には帝国ホテルで、文鮮明教祖夫妻のもとに約一七〇〇人を集めて「希望の日晩餐会」というものが行われました。衆議院、参議院議員四〇人が集まりました。安倍晋太郎さんもそこにはおりました。福田赳夫、当時大蔵大臣が「東洋に救世主現わる。その名は文鮮明」というような大げさなスピーチをしたりしました。

この時の奥さんが韓鶴子（ハン・ハクチャ）さんで、一七歳のときに四〇歳の文鮮明と結婚しました。三人目の奥さんでした。

## ＊女性秘書集団の送り込み

政治工作という点では、特に一九八六年、中曽根内閣のときの衆参ダブル選挙が重要です。自民党が大きく勝った。そのときから統一教会との関係が深まっていって、統一教会の信者たちが国会議員の公設秘書、私設秘書として入っていったんです。

八六年八月、京都市右京区の嵯峨亭という元旅館に女性信者九一人が集められました。魅力的な女性を選ぶチャームコンテストをやるという指示が出て、全国で選ばれ集められたんです。

二階の大広間で彼女たちは「原理講論」を教えられ、「文鮮明教祖を社会に明《あ》かししなければいけない。社会にもっと広めるために、皆さんが国会議員の秘書になってもらう。そのための講座を開く」と言われます。そして二週間ぐらい統一教会の教えを徹底して教えられます。さらに「勝共カンパ」です。路上で共産主義に勝つためのカンパ活動をやり、兵庫県の研修施設で、お茶の出し方から名刺の手渡し方、スピーチの仕方というものを教えられました。

そして神戸市のホテルでフランス料理のフルコースを食べるマナー講座をやり、最後に一人一人がペンダントをもらいます。ペンダントには「Fレディ一期生」と書かれていました。Fはファーストレディのことで、文鮮明夫妻の写真が入っていました。彼女たちは全国に散らばって国会議員の公設秘書、私設秘書に入っていきました。

## ＊献身的にノルマをこなす信者たち

統一教会が日本に入ってきた頃、信者たちはみんなをリヤカー引いて廃品回収をしていました。非常に質素な教団でした。

合同結婚式の異端宗教ですが、資金集めは熱心にリヤカーを引いてやっていた。そこからハンカチ売り（三枚一〇〇〇円）、靴下売り（三足一〇〇〇円）、珍味売り（三〇〇〇円）、そういうことを一生懸命やる人たちです。

一日三万円ぐらいのノルマが与えられました。真面目な人たちですから、車を改造して「マイクロ隊」というものをつくり、六人七人が乗っていろんなところを走ります。朝の四時半ぐらいに起きて公園で顔を洗ってお祈りして、そしてノルマを達成するためにずっと活動する。夜になってもノルマが達成できなければB街（飲み屋街、Bはバーのこと）に行っていきなりドア開けて、踊ったり、替え歌を歌ったりする。リンゴの唄に変えて昆布の唄を歌って珍味を売るわけです。

今日の朝日新聞一面で、萩生田光一議員が生稲さんを連れて八王子の教団に挨拶に行ったら、信者たちが巨人の星の替え歌で「行け行け生稲」の歌を歌ったとありましたが、そういう団体です。売れなければ一時二時までやる。次の日も朝五時ごろに起きて毎日活動する。信仰のもとでそうやって活発に動いていく人たちなんです。だから選挙になっても非常にエネルギッシュに行動する。教義に基づいてエネルギーを発揮するんです。

一九七五年に文鮮明教祖が、この献身的な日本の信者、組織に対して送金命令を出します。そこで見いだしたのが霊感商法でした。

## ＊霊感商法と政治工作

統一教会は韓国では財団です。高麗人参茶、メッコール、チョー・ヨンピルなんかが宣伝しておりました。一和《いちわ》という会社や、一信石材《いっしんせきざい》という会社があり、『世界日報』も一九八〇年代にできました。いろんな会社の中には銃砲店もありました。ライフルもつくっていて、韓国の軍隊に納入するような会社、企業体です。一信石材でつくった壺とか多宝塔を日本に輸入して、先祖崇拝の信仰が深い日本で、家系図などを使って霊感商法を始めたのです。

ところが一九八四年にアメリカの文鮮明教祖が脱税で逮捕されます。一年六カ月の懲役判決を受けて、ダンベリーというアメリカの刑務所に入れられました。

アメリカで一年六カ月の実刑判決。一年一カ月で社会復帰しますが、日本の入国管理法の規定に従えば海外で一年以上の懲役刑を受けていますから、日本に入ることができません。統一教会は文鮮明を日本に呼び寄せ経済活動を強めるために、政治家を動かすことにしたんです。

どうしたかというと、一九九一年十一月末に文鮮明教祖は韓国政府も知らないうちに北朝鮮に入ります。香港から北京に移動して専用機で平壌に入りました。そして一九九二年一二月六日、金日成主席と会談して、南北統一、経済協力に向かっての共同声明を発表します。反共を掲げていた文鮮明教祖が金日成主席と会談したことに世界中が驚きました。それを利用したんです。

韓国では勝手に北朝鮮に入ったってことで政治問題になるけれど、結果的にお咎《とが》めなしで韓国に戻ってきます。

そして日本です。一九九二年に「北東アジアの平和を考える国会議員の会」が、加藤武徳参議院議員を責任者にして発起人六人でつくられます。三〇人ぐらいの国会議員が名前を連ねて、「北朝鮮の事がわからない。金日成主席が何を考えているか知るために、文鮮明教祖に日本にきてもらおう」と言い出します。

千代田区平河町のビルの一室に事務所が入る。そこは一九七九年以降続けてきたスパイ防止法制定促進国民会議の事務所でした。そこの電話も調べてみたら、統一教会の信者の名義になっている。そういう動きをすることによって、最終的には当時の金丸信自民党副総裁が法務大臣、法務省に掛け合って、九二年の三月六日に文鮮明教祖が日本に入ってくるんです。

北東アジアの平和を考える国会議員の会とはちょっとだけ話をして、実際には中曽根康弘元首相、金丸信さんと会談しました。そして信者たちには話をしないという入国時の約束を破って、東京、名古屋、大阪で信者を集めて、「皆さん頑張りなさい」というようなことをやって日本を出て行きました。

そこが目的でした。そのときから、もっと大きく政治的な力をつけようと、安倍晋太郎さんを総理にしようと動き始めます。岸信介元総理大臣、その娘婿である安倍晋太郎外務大臣。自民党幹事長もやりました。これを統一教会として育てるために、全面的に力を注いで安倍晋太郎総理を実現しようとしました。

だけど中曽根裁定で竹下登さんが総理になり、安倍晋太郎さんはその後亡くなります。しかし、亡くなる前の安倍晋太郎さんと統一教会はたいへん親しかった。特に久保木修己統一教会会長・

国際勝共連合会長と安倍晋太郎さんは兄弟のようにものすごく親しい関係にありました。その関係を秘書だった安倍晋三さんも横で見ていたんです。

## ＊岸信介から続く関係と「空白の三〇年」

こうして岸信介、安倍晋太郎、安倍晋三と、統一教会との関係がずっと連なってきました。今回の参議院選挙でも、例えば安倍晋三さんの秘書官だった井上義行さんは、前回の参議院選挙では落選しましたが、今回は二倍ぐらい票を伸ばして当選しました。安倍晋三さんが、前回選挙で宮島喜文さんに回した統一教会の票を、今回は井上さんに回すことにしたからです。宮島喜文さんは公認が決まっていましたが、返上して出馬しなかった。安倍晋三さんと統一教会との関係はものすごく深いものだったんです。

私は安倍さんが幹事長の時に、「統一教会が接近してくるでしょう」と聞いたことがありました。「よく来ますよ」と応えました。「そのときにお会いになるんですか」と聞いたところ、「いや、会わないようにしてる」と言いました。一九七〇年代半ばから八〇年代半ばをピークにして、統一教会は霊感商法の、反社会的な団体だという理解が広がっていたんです。安倍さんだけでなく、多くの自民党の議員が、統一教会との接点を持たなかった時期があるんです。

そして一九九二年に合同結婚式があり、翌九三年四月に山崎浩子さんが脱会されて、統一教会報道は収束していきました。そして九五年三月二〇日に地下鉄サリン事件が起きて大問題になる。それ以降、カルト、熱狂集団というとオウム真理教になってしまって、統一教会は報道されなくなりました。そして「三〇年間の空白」ができてしまったんです。

その間に、統一教会は着々と国会議員、地方議会、そして霊感商法で一般の方々に接近しました。信者たちに過剰な献金を求める動きが、統一教会ノーマークのまま三〇年間浸透しました。今回、安倍晋三さんが銃撃されたことで、それが一気に表に出てきたんです。

安倍晋三さんが統一教会とどのぐらいの関係があったか。安倍さんとものすごく親しく、大臣も経験した人に、この八月に聞きましたが、安倍さんと統一教会はずっと繋がっていたというんです。一時のトラブルの間以外は続いていた。

「一時のトラブル」とは霊感商法と、印鑑販売「新世《しんせい》」が特定商取引法違反で事件になった時期のことです。「新世」は社長も営業部長も社員たちもみんな統一教会の信者でした。七人が警視庁公安部に逮捕され、刑事裁判になって、会社は八〇〇万円の罰金、社長は三〇〇万円の罰金に懲役刑でした。執行猶予はついたけど営業部長も懲役刑です。

いま統一教会は、当時の徳野英治会長が辞任して、それ以降コンプライアンス宣言を行ったと言っていますがこの事件は二〇〇九年のことでした。

そういう動き、統一教会と警察、政治との関わりですが、それがこの三〇年間ほとんど報じられてこなかったんです。オウム事件が起きてからというもの、文芸春秋に統一教会の企画を出しても通らない。「統一教会なんてもうオウムに比べれば…」という話です。

## ＊摘発への動きを止めた「政治の力」

私はオウム事件のとき、朝から夜までテレビに出ていました。その時に警察庁の最高幹部と警視庁の幹部と面識ができて情報交換していました。一九九五年秋には麻原彰晃たちが逮捕されて裁判に移っていました。そのときに、その幹部に呼ばれて、「有田さん、統一教会についてレクチャーしてくれ」と言われました。「ただ条件が一つだけある。レクチャーを聞きに来る人たちが誰かということは聞かないでくれ」と言うんです。

麹町の狭い会議室で三〇人ぐらいいたでしょうか、目の鋭い人たちが集まっていました。そこで統一教会の歴史、そして霊感商法の実態、その原因、赤報隊事件への疑惑などについてレクチャーしました。

ここで「原因」について説明します。統一教会の原理講論、統一原理の教えの中に「万物復帰の教え」というものがあります。萬《よろず》のものを復帰するという教えです。この世の中にある全ての財産は、元々は神のものだから、もう一度神様に返さなければいけない。それを実現するために再臨のメシアである文鮮明さんを通じて神に返す。だから霊感商法をやることも、信者たちが献金をすることも、神に万物を戻す意味がある。どうしても必要なことであって、お金を出す人にとっても大事なことだというのです。

万物復帰の教えに基づいて、いまも信者たちに献金させているのですが、そうすることによって、地上に天国を作る。地上天国を作るというのです。

「日韓トンネル」というのを聞いたことがおありの方もいらっしゃるでしょう。地上天国をつくるために日韓トンネルをつくるというのです。佐賀県の唐津から掘っていって、壱岐、対馬、そして朝鮮半島に繋げて国際ハイウェイをつくる。そして人間が一日で世界中を移動することができるような、これが地上天国だっていうことで、日韓トンネル研究会がつくられる。これもお金お金お金で、一ミリ掘るのに五万円献金しなさいって言われています。三〇年ぐらい前に、二一〇メートルぐらい掘ったところで止まってしまったけど、先々月福岡に行って関係者に聞いたら、いま五四〇メートルぐらいだと言いました。だから三〇年間で三〇〇メートル掘ったというわけです。でもそれ以上は他人の私有地ですから掘るわけにはいかないのです。

地上天国なんかできないんだけれど、そうやって信者たちを鼓舞するんです。万物復帰の教えに基づいて信者たちは動いており、そのもとで霊感商法が行われた。これはオウム真理教に次いで問題があると警察庁、警視庁は判断したんです。

目の鋭い人たちにレクチャーした後、「今日の集まりは何なんですか」と聞いたら、「オウムはもう片がつきそうだから、次は統一教会。摘発する準備をしている」と言ったんです。「それはどういうことでやるんですか」と聞いたら、二つ言いました。「かなりの情報源ができた」ということです。統一教会の最高幹部の中に、警察に繋がる人ができたっていうことなんでしょうね。それと「経済問題から入っていく」ということを言いました。統一教会は韓国だけでなく北朝鮮にも送金しているんです。日本の信者が香港に行って、香港の銀行から北朝鮮の銀行にお金を動かしていた。外為法違反とか、そういった問題として摘発できるし摘発するということが言われていたんです。

だけど、その後何の動きもない。一〇年経った二〇〇五年に池袋で警視庁の幹部に、「何もなかったじゃないですか」と言ったら、一言「政治の力だよ」と言いました。政治の圧力で出来なかった。もう少し調べてみると、「オウムのような事件が出てこなかったから」という言い方をしたんです。

## ＊迷宮入りした朝日新聞阪神支局銃撃事件

一九八七年五月三日、西宮にある朝日新聞阪神支局を、目出し帽に散弾銃を持った男が、無言で二階に上がってぶっ放しました。当時二九歳の小尻知博記者が殺されました。一緒にすき焼きを食べていた犬飼兵衛記者は新聞記者の命である指を吹っ飛ばされました。赤報隊事件です。

さらに朝日新聞名古屋本社の新出来寮に散弾銃を持った男が入ってぶっ放しましたが、けが人はいませんでした。そして朝日新聞静岡支局に爆弾を仕掛けました。爆弾は破裂しなかったけれど、そういう一連の赤報隊事件があり、最後は中曽根元首相、竹下元首相への脅迫状みたいなものを出しました。いったいこれは何だと、警視庁は捜査に入りました。

「反日朝日は許さない」という脅迫状から判断して、新右翼の可能性が考えられました。

それと同時に、実はこの頃、私も関わってきた朝日ジャーナルで、霊感商法批判キャンペーンが続いていたんです。一〇回キャンペーンで、統一教会霊感商法を批判しました。八七年二月には、全国で三〇〇人を超す弁護士たちが霊感商法被害弁連というものをつくっています。霊感商法はやりにくくなっていたんです。そして赤報隊事件で殺人が行われた。動機からすると、統一教会の可能性もあるということで、警視庁は新右翼と同時に統一教会関連の人物たちを捜査し始めました。

実際に統一教会重点対策一覧表が作られています。統一教会の信者たちのリストです。名前、本籍、現住所、そして写真を入手しているかどうか、散弾銃や空気銃を持っているかどうかなど。その中に何度も出て来る表現が「勝共連合非合法軍事組織」です。警視庁の捜査資料として残っています。

統一教会は韓国で「鋭和三Ｂ」という空気銃もつくっていて、軍隊にも武器などを納入し、日本にも一九七〇年代以降、全国に銃砲店を構えていました。東京、名古屋、静岡などにいまもあります。

銃を撃つ訓練もやっていました。そういう組織です。宗教の顔としての統一教会、政治の顔としての国際勝共連合だけではなくて、もっと幅広いものをつくり上げていました。

## ＊準軍事組織というべき側面

一九七八年にアメリカの下院のフレイザー委員会が韓米関係の調査報告書を出しています。一九七〇年代に文鮮明教祖たちがアメリカに進出して、信者たちと一緒に下院議員、上院議員たちに工作し始めたんです。文鮮明は、アメリカの政治を動かすために、上院議員一人に三人の女性を与えなければいけないということで、秘書として入れていくんです。

韓国の宗教団体が政治工作するのは何のためだということです。それを分析していくと、統一教会は金鍾泌（キム・ジョンピル）さんの時のＫＣＩＡと関わりができていました。統一教会は製造業、金融業、それから政治と関わるという意味においては、多国籍企業以上の存在であることです。信者たちの結束力ということでは、準軍事組織的なものがあるというものでした。フィリピンの反政府ゲリラ、南米のゲリラとも繋がりを持っていたのです。

日本でも一九七〇年代に世界反共連盟の集会も武道館を借りてやっていますが、ゲリラなどとも繋がっているのが統一教会だという分析がフレイザー委員会で行われたんです。

それが統一教会の全体像です。宗教の顔と政治団体としての顔、そればかりか、「世界平和教授アカデミー」「世界言論人会議」「世界平和連合」「世界平和女性連合」など、いろんなところに手を伸ばしていって、そこから信者を養成をしてお金を出させる。そして警視庁の捜査の対象になるような非合法軍事組織に属している人たちがいました。

「オウムのような事件がなかったからね」という警視庁幹部の言葉がありましたが、もし仮に、何人かの信者たちが赤報隊事件で殺人を犯してたってことがわかれば、そこから一気に警察の捜査が入ったことは容易に想像できます。残念ながら時効になってしまって、赤報隊の真犯人というのはわからないまま今に至っています。そういう全体像として統一教会というものを考えていかなければなりません。

いまは政治と統一教会の問題が明らかになって、国葬問題で自民党が厳しい状況にあります。世論調査で国葬を評価しない、国葬に反対という世論が高まっているのは、安倍晋三さんという人が、実は統一教会とものすごく親しかったんじゃないかという認識が広がっているからです。

広がれば広がるほど内閣支持率は下がり、国葬反対の世論が高まる関係です。

## ＊人間の心に深く入る本質的な議論

最後に突拍子もないことと思われるかもしれませんが、国葬と統一教会には関係があるんです。統一教会の教えでは、我々は一人一人肉体があるけれど、同時に「霊人体」というものがある。この世ではみんな亡くなっていく。安倍晋三さんも銃撃されて亡くなったけれど、安倍さんは霊界で光輝くというわけです。

統一教会と親しかった安倍晋三さんは、いま霊界で光り輝いている。宗教弾圧で非常に厳しいような状況にあるけれども、二七日に国葬をやれば、さらに光り輝く存在になる。だから信者の皆さん、結束して頑張りましょうとなるんです。

山上徹也容疑者の家族は、お母さんが一億円以上の献金をして、家族がバラバラになり家庭が壊されました。そのことが動機になり事件が起きました。普通なら、息子がそんな事件を起こしたら、お母さんは統一教会を脱会すると思いませんか？

そうじゃないんです。お母さんは、自分の信仰が弱かったから事件が起きてしまったという理解なんです。いま、奈良から大阪に移って、文鮮明教祖の教えを勉強しています。

だからその教えに遡って、統一教会という組織や信者たちを見ていかないといけないんです。もっと深く人間の心の中に入っていくような問題をはらんでいるということを、知っていただきたいと思います。

「宗教法人を解散せよ」とテレビでも国会でも、おそらく臨時国会で議論になるでしょう。だけど、宗教法人格がなくなっても統一教会は残ります。団体として残って、万物復帰の教義がある限り経済活動をやるんです。

それをどう解決していくかという本質的なところに議論がいかないと、ただ宗教法人格を剥奪しないのはけしからんと言っているだけではダメなんです。統一教会は普通の宗教ではないんだから。だからそこにまで遡って、これから日本社会はこの団体をどう扱っていくのかということが非常に大事です。

特に人間の悩める心をどう解決していくのか。信仰二世の人たち、合同結婚式で結婚した二人の元で生まれた祝福二世の子供には原罪がない。山上徹也のお母さんのように、社会で結婚して統一教会の信仰を持った場合は、自分の息子娘たちには原罪がある。原罪があるから息子娘たちを信者にしようと努力しなければいけない。矛盾がものすごくそこには集まって、今回のような事件の引き金になってしまった。

いずれ裁判が始まるでしょう。オウム真理教の問題とはまた違って、統一教会とは何か、巨額の献金をしなければいけないのはなぜか、その教えは何かということが、メディアを通じて議論になります。霊感商法の被害者を救済すること、それから信仰を持った人たちが無茶苦茶なお金を取られないような仕組みをつくること、そしてその親の元で生まれてしまった子供たちの悩み苦しみ。いま一〇〇〇人ぐらいの若者たちが毎日悩み苦しんでいるんです。そこに、日本の行政や政治がどのように手を差し伸べることができるのか、あるいは皆様方が身の回りでどういう選択をしてくださるか、これからの日本社会の質をつくっていくことになると思います。

オウム事件のとき一番敏感に動いたのはアメリカ議会でした。アメリカは公聴会を開いたけど、日本の国会はほとんど何もしませんでした。法務委員会などで質問はあったけれど公聴会は開かなかった。

フランスでは二〇〇一年にオウム事件の教訓に基づいて、反セクト法、反カルト法をつくりました。だけど当事者である日本は何もやってないまま、もう三〇年です。こんなことにならないように、統一教会の問題から教訓を引き出して、皆さんと共に「こんなことが残ったね」と言えるようなものをつくることで、日本社会が少しでも良くなる方向に持っていかなければいけないと思っております。

〔質疑応答〕

（Q）国際勝共連合の初代会長・久保木修己さんが立正佼成会の庭野日敬さんの秘書だったということですが、立正佼成会が統一教会のために組織的な支援などしたことはあるのでしょうか。

統一教会にも専従者がいると思うけどその給料や活動費、建物の維持費などへの資金配分なり、組織の組み立て方は、どうなっているのでしょうか。

（A）立正佼成会が統一教会と内々に何か結びついて、それで久保木さんが統一教会に行ったという関係ではないと思います。新興宗教の特徴の一つですが、渡り鳥みたいに動く人がいるんです。

例えば井上嘉浩というオウム真理教の諜報省の責任者だった人も、一七歳のときにオウム神仙の会、オウム真理教に行きましたが、その前には別の宗教を信じていました。井上嘉浩の場合は自分が信仰して修行すれば、悟りを開くことができると思った時に、オウム真理教を選んだのです。だから、統一教会からオウム真理教に行く人もいたし、オウム真理教から統一教会に行く人もいた。そのような関係だと思います。

組織の維持については、教団改革委員会というのがつくられて、合同結婚式で山崎浩子さんと祝福を受けた勅使河原さんという人が責任者になりました。その彼が教団本部に社会保険が導入されたのは二〇一二年だと言っていました。

教区長とか教会長というのは専従職員ですが、生活はかなり厳しいですね。毎月給料の一〇分の一を献金として払わなければいけない。それだけでなく、日韓トンネルでもわかるように、いろんな形で献金が求められる。いま、一八三万円を来年の五月までに出しなさいと要求されているようです。一八三万円が何かというと、二〇一二年の九月三日に亡くなった文鮮明教祖が生きていたら来年一〇三歳、妻の韓鶴子さんが来年八〇歳。これを足して一八三万円出しなさい。（笑）

信仰二世の皆さんがいま怒っているのは、自分たちが知らないうちに、アルバイトで貯めたお金や、大学の奨学金が献金されたりしたことです。そういう無茶苦茶なことをやってきた。「献身者」と言われますが、仕事や学業をやめて二四時間教団のために働く人たちのことです。その人たちの生活はものすごく大変です。そうして集めたお金を韓国に送るしくみもできています。

テレビでご覧になったと思いますけども、ソウルから二時間ぐらいのところに天正宮《てんせいぐう》ができていて、いま天苑宮《てんえんぐう》というものをつくっていて、それを来年五月に完成させるために、お金出しなさいと言われていますが、韓国では一〇万円ぐらいの献金です。アメリカの信者たちにはない。日本だけなんです。

一方で、例えば平和自動車を北朝鮮につくったり、平壌にあるポドンガンホテルの経営もやっていた朴相権（パク・サングオン）という人は、日本から送金されたお金を着服して内部で問題になりました。このように幹部が日本から届いたお金で私腹を肥やしていることは、まだまだ日本の信者には知られていない。

文鮮明、韓鶴子の他に、もう一人、いま四五歳になる世界本部長の尹煐鎬（ユン・ヨンホ）という人がいます。日本で集めたお金の七割から八割が現金で韓国に運ばれるとも言われます。昔からのやり方で、隠して運ぶしくみがある。でもそれは韓鶴子さんや世界宣教本部に行くのではなくて、尹煐鎬さんの秘書室に行きます。その現金が何に使われるかはわからない。

（Q）宗教法人格をなくせば、金の流れを税務署が追えますね。通常の会社と同じように、組織内の金の動きや特に海外の金の動きに関しては、税務署が厳しい権限をもって、恒常的に管理できるはずですが、それはできませんか。

（A）統一教会が前から言ってきたのは「当法人は宗教法人ですから収益事業は行ってない」というものです。だけど実際には信者たちは印鑑販売とかの販売会社を全国に三〇〇以上つくって、それで霊感商法のお金を集めて、それを連絡協議会というような、宗教団体ではない組織から送ったりしていたんです。

宗教法人格がなくなれば優遇措置はなくなりますが、そうなったときにそれらが地下組織化するのではないかと危惧します。

法人格を持っている今、弁護士が霊感商法のお金を返せ、献金を返せと交渉すると返すんです。いま、本体の統一教会の他に、三男派、七男派という分派があるし、報道されてないけど「駒場グループ」という八〇〇人ぐらいの女性グループがいる。そこはもう宗教法人格もないけれど霊感商法みたいなことはやってきたんです。

ご質問の宗教法人格がはく奪されれば税務署がどこまで入れるか、具体的な実務のことはわかりませんが、何かその分派の動きを見ていると、宗教法人格がなくたって霊感商法をやってお金を蓄え込んでいる。宗教法人格はあった方がまだ返還の交渉がしやすいじゃないかという意見もあるんですよね。

宗教法人格を持っていて、収益事業はやってないけどもお金は入ってくるから、そこから霊感商法の被害者や、献金を返せという人には返るしくみがあるけども、宗教法人格がなくなった場合どうなるか、ちょっと調べたり聞いたりしてみますが…。

つまり、宗教法人格はあってもなくても、あえて言えば、統一教会の教えである万物復帰の教えがある限り、それをやってきた組織だし、いろんな形で天にお金を戻していくというしくみは変わらないんじゃないかというのが僕の意見なんですけれど。

宗教法人格がなくなった時に、税務署がどうそこに関われるかということについてはちょっと調べてみます。ものすごくいいヒントをいただきましたので。

（Q）統一教会と自民党は、いままでお互いにギブアンドテイクというか、ズブズブの関係で応援し応援されてきた。事件が起きて、もう一切関係を切ると言っても、政治家は一票欲しいわけです。綺麗さっぱり切れるのかという現実的な問題があると思います。

その広告塔だったような人間を、国民の反対を押し切って国葬にしたら、それは統一教会をある種美化することになったり、統一教会にとってプラスに展開するのではないかと思います。国葬によって一つの幕引きを図る材料に使われないだろうか。この点はどうですか。

（A）世論がどう動くかだと思います。自民党の村上誠一郎さんは国葬反対で、「安倍さんは国賊だ」というように言った、言わない、の話がありますが、自民党の多くの人たちは黙っている段階だと思います。自分たちを救うためには何でもする人たちが多いですから、国葬をきっかけにして自由な発言をしだす可能性も、なきにしもあらずとも思えます。

もう一つはメディアです。報道特集が統一教会批判を毎週のようにやっています。これまでは、例えば安倍さんの政治批判の特集を流すと、いわゆるネトウヨ的な人たちからすごく攻撃されました。それが今は、ほとんどない。

混乱しているのではないかと思います。霊感商法の統一教会と自民党がすごく親しかった。もっと言えば、統一教会の教えには極端な韓国ナシナリズムがあって、教理解説書に世界はいずれ韓国語で統一されると書いてある。日本は戦前、朝鮮半島のキリスト教を弾圧したサタン側の国であると書いてある。

統一教会の儀式に「四大名節」というものがあって、アメリカの文鮮明教祖の私邸で、各国の幹部、例えばアメリカなら当時のドナルド・レーガン大統領の役をした人が高いところに座っている文鮮明にひざまずく。日本からは久保木修己さんが天皇の役割を演じて、文鮮明にひざまずくって儀式があったんです。

この儀式については、一九八四年七月に月刊文芸春秋に副島嘉和さんという世界日報の編集局長で統一教会の広報局長もやった人が暴露のリポートを出しました。それで知られるようになりましたが、さすがに日本の保守勢力も、安倍さんはそんなとこと親しかったのかなどと、批判がこれから始まると思うんです。そうしたときに、国葬をやって統一教会問題を終わりにするかどうかということについては、メディアの責任がやっぱり大きいと思います。私がいま調べているのは、下村博文さんや山谷えり子さん、全く関係ないかのように言ってる人たちが深い関係にあるということです。喋りやすい環境をどうつくるかによって、世論は変わっていくし、裁判はこれから始まります。幕引きにならないような世論が生まれることは可能だと思っています。

（Q）私は在日韓国人ですが、非常に危惧することがあります。これを機にまた、ヘイトスピーチが盛んになり、嫌韓感情を煽る風潮が広がる危険があるんじゃないかと、そんな感じがするんですが…。

（A）そのことについては僕もすごく悩んでいます。原理講論に書いてあることを紹介するにあたっては、「極端な韓国ナショナリズム」という表現に意図的に収めています。

ところが、リベラルと言われてきた人たちが、「反日カルト」という表現を使います。僕は「反日」という言葉を使いたくないので避けていますが、統一教会の実態を知ってもらうにはどう表現するかは本当悩みます。日韓関係を考えたら、良くない表現だと僕は思っています。

今回、やっぱり言葉は大事だなと思いました。一九九二年から三〇年間、統一教会がノーマークになっていたことを「空白の三〇年」と表現し、捜査を止めさせたのは「政治の力」だったと表現したことは、間違っていませんでした。同時に、言葉は力を持つものだなと、自画自賛しちゃいけないけれど思いました。

山上徹也容疑者のお母さんも、人生のふとした狭間で統一教会に入ったわけです。夫が三二歳のときに自殺し長男は小児がんで手術をしたら目が見えなくなった。統一教会の教えでは、霊界で自殺した夫はもがき苦しんでいる、その因縁であなたの長男が病気になった、それを救うのは「氏族のメシア」のあなただけだと言われます。そして献金、献金、献金。清平《チョンピョン》の、四〇日の修練会にお母さんが何度も行くのは、霊界でもがき苦しむ夫と、現実で苦しんでいる息子を救いたいとの思いからです。

そういう人たちばかりを利用して、お金を出させる宗教はやっぱりおかしい。そこを変えなきゃ救われない。この機会に、何もなかったことにしないために、何ができるか、嫌韓にならない形で追及することは、これからもやらなければいけないと思っています。

池明観（チ・ミョングァン）さんに亡くなる前に会ったとき、本当悲しそうでした。どうして日韓関係がこんなことになってしまうんだと…。二年前のことでしたが、本来、日韓関係は本当に良くならなければいけない。統一教会問題を扱う時にもその立場は変えることなく、同時に変な方向に行かないために、自分なりに努力したいと思っています。

（日韓記者・市民セミナー　第三七回　二〇二二年九月二一日）

# 第11講　「先生不足」が生んだ学校崩壊
## ――安倍「教育再生」路線がもたらしたもの

竹村　雅夫――藤沢市議会議員

私は神奈川県藤沢市で中学校の教員をしていました。

そんな関係で、今の学校の状況がある程度俯瞰的にわかる立場にいます。これからお話をするのは、藤沢市だけではなく日本全国で起きているとんでもない現実についてです。

今日は主に四つの柱でお話しします。

最初に、いま学校で起きていることについてです。次に、ではなぜそんな事態になったのかということですが、原因の一つは政治が「やるべきことをやらなかった」からです。もう一つは、政治が「やらなくていいことをやった」からです。特にその中心になったのが安倍政権です。

そして、そうした事態を踏まえてこれからどうしていったらいいのか、ということについて最後にまとめてみたいと思います。

## (1) いま、学校で何が起きているか

最初に、いま学校で何が起きているのかということについてですが、先日ある保護者の方からこんなメールをいただきました。

「中学生の子どもが、音楽の先生がずっと休んでいて、授業が全然ないと言っていて心配です」

皆さん、どう思われますか。「誰か代わりの先生を当てればいいじゃないか」と思われますよね。実は学校も教育委員会も何もしていないわけではありません。八方手を尽くして代わりに授業をしてもらえる先生を探すけれど、いないのです。

『日本教育新聞』の今年六月一三日号にこんな記事が載っていました。

「中学校の一四％に授業ができない教科が生まれている。小学校についても五％の学校でこれが起きている」

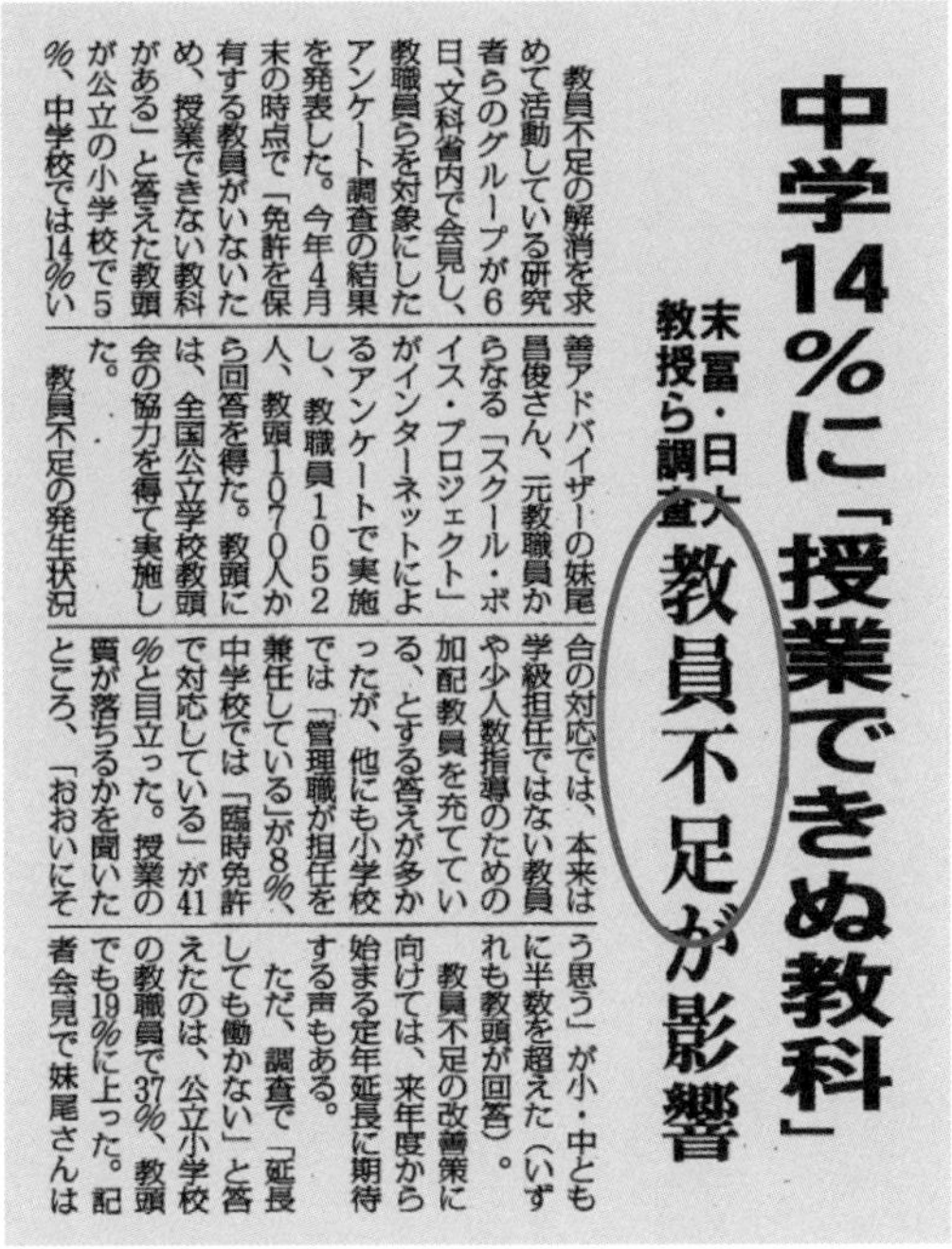
中学14%に「授業できぬ教科」
教員不足が影響
末冨・日大教授ら調査

教員不足の解消を求めて活動している研究者らのグループが6日、文科省内で会見し、教職員らを対象にしたアンケート調査の結果を発表した。今年4月末の時点で「免許を保有する教員がいないため、授業できない教科がある」と答えた教頭が公立の小学校で5%、中学校では14%い

善アドバイザーの妹尾昌俊さん、元教職員からなる「スクール・ボイス・プロジェクト」がインターネットによるアンケートで実施し、教職員1052人、教頭1070人から回答を得た。教頭には、全国公立学校教頭会の協力を得て実施した。

教員不足の発生状況

合の対応では、本来は学級担任ではない教員や少人数指導のための加配教員を充てている、とする答えが多かったが、他にも小学校では「管理職が担任を兼任している」が8%、中学校では「臨時免許で対応している」が41%と目立った。授業の質が落ちるかを聞いたところ、「おおいにそ

う思う」が小・中ともに半数を超えた（いずれも教頭が回答）。

教員不足の改善策に向けては、来年度から始まる定年延長に期待する声もある。

ただ、調査で「延長しても働かない」と答えたのは、公立小学校の教職員で37%、教頭でも19%に上った。記者会見で妹尾さんは

日本教育新聞（2022年6月13日）

ではどうしているのか。場合によっては校長先生や教頭先生までが授業をしています。

さらに中学校は教科担任制ですから、教科の免許がないと授業はできません。そうすると、音楽なら音楽は代わりの先生がみつかるまで授業ができません。代わりに社会とか英語で穴埋めして、先生が見つかったらその教科を集中的にやってしのぎ

ます。これがいま、本当に起きていることなのです。

## ＊原因は深刻な教員不足

原因は「教員不足」です。実は、先生が足りなくて「授業ができない」だけではないのです。朝日新聞神奈川版の六月一八日の記事に、「担任が見つからずに一カ月半」という記事が載りました。少し詳しく見ていきます。

「神奈川県内にある小学校に勤める教諭はこの春、急にクラスを受け持つことになった。担任になる予定だった教員が休むことになり、一人欠員となったためだ。

普段はクラスを持たず児童の困りごとや教育相談を専門的に対応してきた。新年度が始まり、担任として児童の名簿づくりやプリント作成、教材研究をしたが、児童支援の仕事がなくなったわけではない」

これは神奈川の先生です。不登校の子がいたりすると家庭訪問したり、ゆっくり相談にのったりという、全国どこでもいるわけではないのですが、いくつかの自治体にはこういう先生がいるのです。でも、しかたがないからこの先生が児童支援の仕事をしつつ、さらに担任も持ったということです。

「長期欠席者の報告や児童の支援に入る介助員のシフトづくりも掛け持ちで続けた。管理職や同僚の助けを借りたが、手が回らなかった。説得しながら登校を促していた子どもの中には、行き場を失って学校に来られなくなった子もいた。

校長の伝《つて》で代わりの担任が見つかったのは一カ月半後。『代わりの教員がいつ来るのか』。この間、保護者からの電話もあった」

保護者は怒りますよね。

「正直、きつかった。子どもたちもなかなか落ち着かず、もやもやした様子が見て取れた。教員不足による子どもへの影響が明らかに出ていると感じます」。

つまり子ども達への影響がこんな形で出はじめているのです。新しい学年の四月当初から、正式な担任が決まっていないなんて、たまらないですよね。

この記事の後半には、こんな記事が載っています。

「県内のある中学校で教える三〇代の教諭は現在妊娠中。年内に産休に入る予定だが、代わりの教員のめどがまだ立っていない。校長からは『見つけるのは難しいかもしれない』と言われている。場合によっては友達の伝をたどって自分で探すことも考え始めている。万が一見つからない場合は、同じ教科を教える他の教員に分担してもらうことになりそうだが、その分の負担を背負わせてしまうのが申し訳なく思っている」

代わりが見つからなければ、大学の教育学部の同級生に片端から電話して、「代わりにこられない？」って聞くか、さもなければ、校内にはもう三、四人しかいないその教科の先生に頼るしかない。今までの授業に加え、それ以外に上限MAXまで全部、休み時間もなく授業を代わりに受けもってもらわないとなりません。他の教科の先生にお願いするわけにはいかないからです。

ある校長先生から伺いましたが、妊娠報告に来た先生の第一声が「校長先生ごめんなさい。妊娠してしまいました」だったそうです。妊娠したことを謝らなければならない学校って、何なのですか。そんな職場、他にはありませんよ。

でもこれがいま日本の学校です。全国どこでも起きている話です。正確にお話ししたいと思いますので藤沢のデータ（表1）を見ていただきますが、他の自治体も大体同じだと思ってください。

**小学校**

| | 学校数 | 欠員数 | 未配置数 |
|---|---|---|---|
| 4月 | 35 | 86 | 2 |
| 5月 | 35 | 86 | 5 |
| 6月 | 35 | 86 | 2 |
| 7月 | 35 | 86 | 2 |

**中学校**

| | 学校数 | 欠員数 | 未配置数 |
|---|---|---|---|
| 4月 | 19 | 75 | 3 |
| 5月 | 19 | 75 | 3 |
| 6月 | 19 | 75 | 1 |
| 7月 | 19 | 76 | 1 |

（表1）藤沢市の教員の欠員・未配置の状況

「欠員」と「未配置」とは何かというと、

定数法という法律があります。学校には児童生徒何人あたり、校長先生、教頭先生、養護の先生、事務職員、それと一般の教諭何人という具合に法律で決まっています。

でも、例えば妊娠だとか病気やけがで療養休暇に入ったとか、正規の先生がいなくなってしまうことがありますね。そういった状態を「欠員」といいます。ここをいろんな形で補うけれど、それすら補えず〝穴が空いてしまう〟状態を「未配置」といいます。藤沢の小学校では五月が大変でした。五人未配置が出たのです。

つまり七校に一校未配置が生まれました。中学校でも一九校中、四月五月は三人未配置が生まれています。

## ＊ようやく動きだした文科省

私たちは何年か前から、これが出始めているとさんざん訴えてきましたが、文部科学省はなかなか動かない。やっと昨年、全国の教員不足調査に文部科学省が着手しました。その結果、全国の小中高で二五五八人の教員が不足しているデータが出たのです。これ、皆さんご存知でしたか。あまり知られてないと思います。

ちなみに小学校で一番教員が足りなかったのが神奈川でした。

ただ実際はこんなものじゃないと思います。一日二日、あるいは短い間の欠員だったら学校内でなんとかしちゃいますから、いちいち報告しません。実態はこんなもんじゃないです。

## (2) やるべきことをやらない政治

なぜこんなことになってしまったのでしょうか。第一の原因は、政治が「やるべきことをやらなかった」からです。教員不足の原因がどこにあるか、ちゃんとした調査は必ずしも行われていません。今のところ一番信頼できるものは、慶応大学の佐久間亜紀先生が神奈川県でフィールドワークを行って、日本教育学会に発表された論文だと思います。

かなり複雑なのでざっくりお話しすると、ここに書いたような原因が考えられます（次頁表2）。このうち、上のふたつの要因。まず退職者が非常に増加しました。教員は、砂時計型に近い年齢構成だったのですね。四〇代が少なく、年配者と若い人たちが多いという構造になっていました。その上の層が大量に退職する時期を迎えたのです。そこで大勢の新採者が必要になりました。

また比較的大勢採用した世代が、いま三〇代ぐらいになって妊娠する先生が多い。そのため産休・育休の代替教員が必要になります。

教員不足の原因　（表2）

- 退職者が増加した
- 年代的に産休・育休に入る教員が増加している
- 特別支援教育を要する児童生徒の増加に伴う教員が必要になった
- 心身を壊し療養休暇に入る教員が増加している
- 教員採用試験の受験者が減少している
- 教員免許更新制により免許を失効する者が増加した

もしそれだけが原因なら、ここで踏ん張れば、しばらくすると少子化が進んで教員の必要数が減ってくるので何とかなるかもしれません。

でも実はそれだけではありません。下の四つの要因が「そんなに簡単じゃない」という実例です。特に一番深刻なのが教員採用試験の受験者です。

## ＊減っていくばかりの教員採用試験受験者

これは、神奈川県の教員採用試験の小学校と中学校のデータです（次頁表3）。特別支援学校や高校についてもだいたいこんな傾向です。

小学校を見てください。一〇年前には二二〇〇人以上いた応募者が、いまや一一〇〇人と半減しました。倍率も四・六倍から二・六倍です。中学校も半分に減りました。

一般に教員採用試験は二倍を切ると「危険水域」と言わ

**小学校**

| | 応募者数 | 応募倍率 |
|---|---|---|
| 22 | 2,203 | 4.6 |
| 23 | 2,676 | 4.7 |
| 24 | 2,073 | 4.8 |
| 25 | 1,895 | 4.2 |
| 26 | 1,859 | 4.4 |
| 27 | 1,805 | 4.3 |
| 28 | 1,655 | 4.5 |
| 29 | 1,636 | 4.5 |
| 30 | 1,504 | 4.2 |
| 1 | 1,386 | 3.9 |
| 2 | 1,269 | 3.7 |
| 3 | 1,129 | 2.6 |

**中学校**

| | 応募者数 | 応募倍率 |
|---|---|---|
| 22 | 2,673 | 8.4 |
| 23 | 2,351 | 7.1 |
| 24 | 1,966 | 8.2 |
| 25 | 1,880 | 7.2 |
| 26 | 1,743 | 7.9 |
| 27 | 1,710 | 7.4 |
| 28 | 1,599 | 7.3 |
| 29 | 1,609 | 7.5 |
| 30 | 1,352 | 7.1 |
| 1 | 1,333 | 7.0 |
| 2 | 1,201 | 5.0 |
| 3 | 1,177 | 4.3 |

（表３）神奈川県の教員採用試験の応募者数と倍率

れています。なぜかというと、ちょっと言いにくい言い方ですが、誰でも教師ができるかというとそうじゃない。テストの点数は取れるけど、子どもたちの前に立つのはどうか……、という人もいるわけです。

だから二倍以上なら何とか「質」が確保できるけれど、これを切ると、少し心配だなと思える人まで採らなきゃならない。この調子でいったら、五年後にはかなり厳しいでしょう。

中学がまだ四・三倍だから安泰かというと、実はそうではありません。もっと深刻です。というのは、これは平均値だからです。

各教科ごとに倍率を見ていくとどうなるでしょうか（次頁表4）。技術科は一・〇倍です。美術も一・三倍です。応募倍率一倍と言っても全員採るわけにはいきませんから、多分この中

| | 応募者数 | 応募倍率 |
|---|---|---|
| 国　語 | 97 | 2.6 |
| 社　会 | 239 | 8.5 |
| 数　学 | 164 | 6.6 |
| 理　科 | 119 | 4.8 |
| 音　楽 | 57 | 3.6 |
| 美　術 | 21 | 1.3 |
| 保健体育 | 292 | 9.1 |
| 技　術 | 10 | 1.0 |
| 家　庭 | 26 | 2.2 |
| 英　語 | 152 | 4.0 |

（表４）神奈川県の中学の教科書毎の応募者数と応募倍率

の三分の二ぐらいしか採っていません。もう既に定員割れです。

深刻なのは国語です。二・六倍です。国語はあらゆる教科の基礎です。これがこんなでは、学力保障が難しいと思います。

ちなみに大分では、小学校の倍率が全県で一・〇倍になりました。最近のニュースでは、全国の小学校の採用倍率が今年は最低タイを記録したそうです。

## ＊先生たちの超多忙

何でこんなことになったのか。要するに一番深刻なのは、学校の先生たちの多忙です。

要するに、朝練、授業、部活動、午後六時からは職員室、公務、事務、授業準備、土日も部活動、休日なし。

私も現職だった頃はこの状態でした。結婚して初めての年末年始に生徒指導で飛び回って、妻と一緒に過ごせませんでしたから。若かったからそれは当たり前だと思っていたけれど、よく考えたらおかしいですよね。

でも、こういう話をするとこう言われることがあります。

「仕事は忙しくて当たり前。教員だけじゃない」

私が議員になって初めての頃、教員の多忙を議会で訴えたとき、そういうヤジを飛ばされました。最近はやっと「先生って忙しいらしい」という理解が広まってくれたかなとは思います。広まってくれたのはいいけれど、今度はその話を聞いた若い学生が、「だったら先生になんか、なりたくない」と思い始めるようになってしまったのです。だからいま教職課程の人気がガタ落ちです。教育実習には来たけれど、やっぱり試験は受けませんという学生も多勢います。

## ＊残業代なし、「定額働かせ放題」

教員の多忙の原因ですが、簡単にお話ししますが、実は先生には「残業代」が無いことはご存知ですか。

「給特法」（公立の義務教育諸学校等の教育職員の給与等に関する特別措置法）という法律があって、残業代はないけれど、給与に四％だけ上乗せがあるのです。それでチャラ。

# 中学教諭57%過労死ライン

## 週60時間超勤務

### 16年度調査 10年で5時間増

文部科学省は二十八日、二〇一六年度の教員勤務実態調査結果を公表し、国が示す「過労死ライン」に相当する週六十時間以上勤務だったのは中学校の一般教諭の57・7%に上ることが分かった。小学校では33・5%だった。授業や部活動の増加が要因で、十年前の前回調査と比べて週勤務時間は中学校で約五時間、小学校で約四時間増えた。

松野博一文科相は「看過できない深刻な事態が客観的な数字で裏付けられた。教員の負担軽減に向けスピード感を持って対処する」と述べ、中央教育審議会に諮り、教員の働き方改革を進める方針を示した。

調査は昨年十～十一月、全国の公立小、中学校各四百校でフルタイムで働く校長、副校長・教頭、一般の教諭、講師、養護教諭、栄養教員を対象に実施。小学校は八千九百五十一人、中学校は一万六百八十七人から回答を得た。

一般の教員の週当たりの勤務時間で最も多かったのは、中学校で六十～六十五時間未満（17%）、小学校で五十五～六十時間未満（24・3%）。平均勤務時間は中学校で六十三時間十八分、小学校で五十七時間二十五分だった。

十年前と比べて、週勤務時間は中学校で五時間十二分、小学校で四時間九分増加。部活動の負担が大きい実態も明らかになり、中学校の場合、土日一日当たり二時間十分と、十年前（一時間六分）のほぼ二倍に増えた。

その他の平日業務では、授業（主担当と補助）が中学校で十五分、小学校で二十七分、それぞれ増加。中学校は授業準備（十五分）や成績処理（十三分）、小学校は学年・学級経営[illegible]

### 授業・部活時間増 負担



「ホワイトカラー・エグゼンプション」がひと頃話題になりました。私たちはこれにちなんで「ティーチャーズ・エグゼンプション」と言っています。つまり〝定額働かせ放題〟です。企業の場合、残業代がそのプレッシャー要因になって残業を圧縮しますね。これが働かない。やはり、先生って「子どものため」と言われると弱い。いくらでも働いてしまいます。それがこの現実を生んでいると思ってください。

加えて、何でも学校、学校です。世の中は、何かあると「学校で何々教育をしてはどうか」という話が必ず出てきます。

ある県の教育委員会が、一年間に議会や保護者から「何々教育をすべきじゃないか」と言われたことを全部リストアップしたら、二百数十項目あったそうです。

夜九時にコンビニの前で中学生らしいのが騒いでいると、「お宅の中学の生徒じゃないか」という電話が学校に来ます。申し訳ないけれど、夜九時に中学生が何かやっていたとして、それは学校の責任でしょうか？　あえてはっきり申し上げますが、下校後の問題はご家庭の問題か、社会の問題じゃないのですか。昔、「最近の子どもは箸の使い方も知らない。学校は何を教えている」と言われたこともありました。それって、学校で教えるのですか？

それだけではありません。プログラミング教育、ＧＩＧＡスクール、食育、性教育、防災教育、次々に新しい教育課題が学校現場に求められてきます。そこにコロナ禍がやってきて、コロナ対策やオンライン学習などの仕事が増えました。それだけ仕事が増えたのに、先生の定数は増えていないのですよ。

それに加えて、小学校英語も始まりました。これ、今まで理科とか算数をやっていた授業の一部を英語に置き換えたと思いますか？　違います、上乗せです。二〇一九年度まで五時間授業の日が二日あって、六時間授業の日が三日あった。二〇二〇年度からは五時間授業の日は一日しかなくて、六時間授業の日が四日になったのです。ビルド・アンド・ビルドです。先生だけじゃなくて小学生も大変です。

これほど仕事が増えたのに、先生は増えていません。教育予算も増えていません。

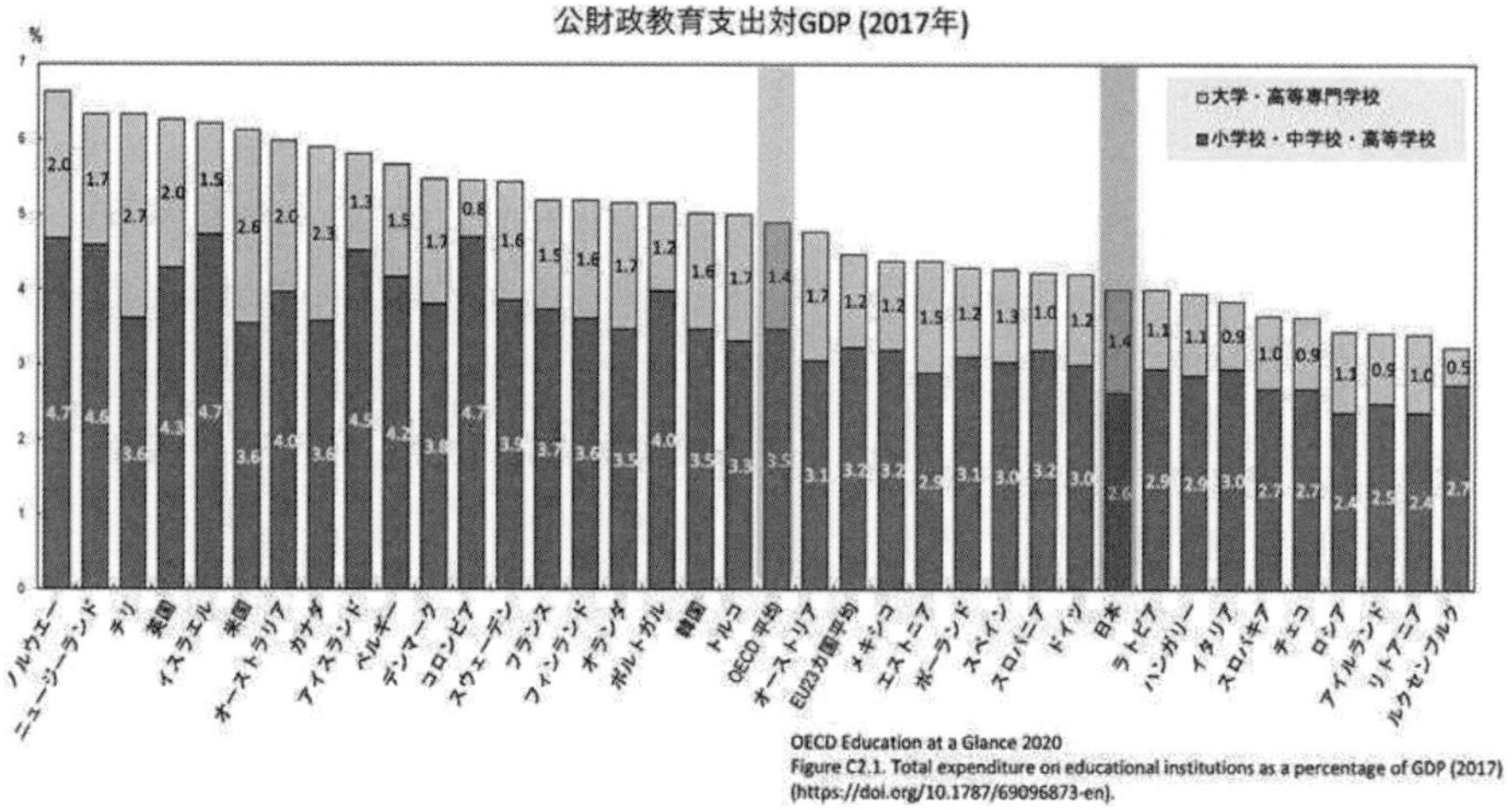


（グラフ1）世界各国の教育予算の対GDP比順位

これはＯＥＣＤがまとめた世界各国の教育予算のＧＤＰ比です（グラフ1）。下の方の濃い色のところが義務教育と高校です。比べてみてください。日本は主要先進国で最低の方です。先進国でいまだに四〇人学級やっている国なんてほとんどありません。

それなのに日本の子どもたちの学力は、いろいろ言われますが、実は世界トップグループにいるのです。なぜそれができているかというと、先進諸国で最も高い保護者の教育費負担と、先進諸国で最も劣悪な教職員の長時間労働です。それが支えているのです。

こんなやり方が、とうとう限界に来たというのが現状だと思います。

もう何年も前から、先生たちの間で心や体を壊す人が増えています。産業医さんの間では、

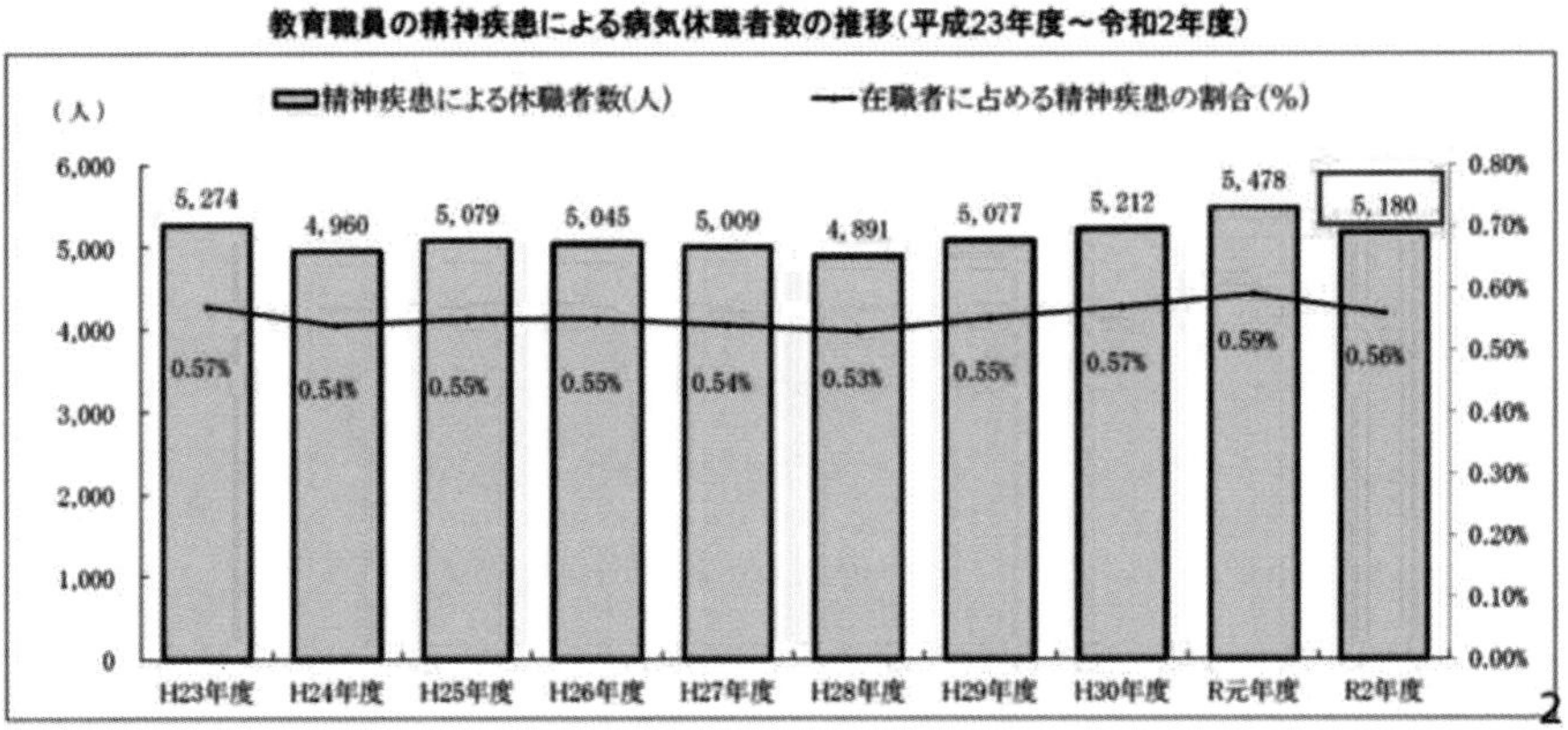


（グラフ2）高止まりする精神疾患による休職者

文部科学省「令和２年度公立学校教職員の人事行政状況調査について」（概要）より

学校の先生に精神疾患が多いことは有名です。このグラフ（グラフ2）を見ると、そんな増えていないじゃないかと思うかもしれませんが、これは何年も前から激増して、高止まり状態ということです。

心を病んで休職する人が増えたから、またぞろ先生が足りなくなる。その穴埋めで残った先生が本当にフルに働いて、その人がまた倒れて次々療養休暇に入るという、「療休ドミノ」まで起きています。

皆さん、インパール作戦はご存知ですか。第二次世界大戦中のビルマ戦線で、牟田口という中将がいました。彼が自分の部隊に、当時のイギリス領のインパールまで進軍しろという命令を出したわけです。ところが牟田口司令官は兵站、つまり食料や武器弾薬の補給を何も考えなかったのです。大和魂だけでインパールまで行けという命令です。その結果何が起きたでしょうか。将兵はバタバタと、戦死ではなく、飢死と病死で倒れて部隊は壊滅します。この最低の作戦がインパール作戦です。

なぜこんな話をするかというと、日本教育学会の今の会長は日本大学の広田照幸教授ですが、この広田会長が常々おっしゃるのです。「日本の教育はインパール作戦だ」と。

つまり何か新しい仕事をしろと言うなら、人や予算を増やさなければできません。それがないのに、次々に新しいことをやれという。

だから、教育という名のインパール街道には、教職員の倒れ伏した姿が延々と連なっているじゃないか…。広田会長のおっしゃる通りではありませんか。

## (3) やらなくていいことをやる政治

### ＊教員免許更新制

では現代の牟田口中将って、誰でしょうか。その名を安倍晋三と言います。安倍司令官は何をしたのか。これが二つ目の問題で、「やらなくていいことをした」のです。

これは藤沢市の、例えば誰か欠員が出たときの代わりの先生、臨時の先生の年齢別のグラフで

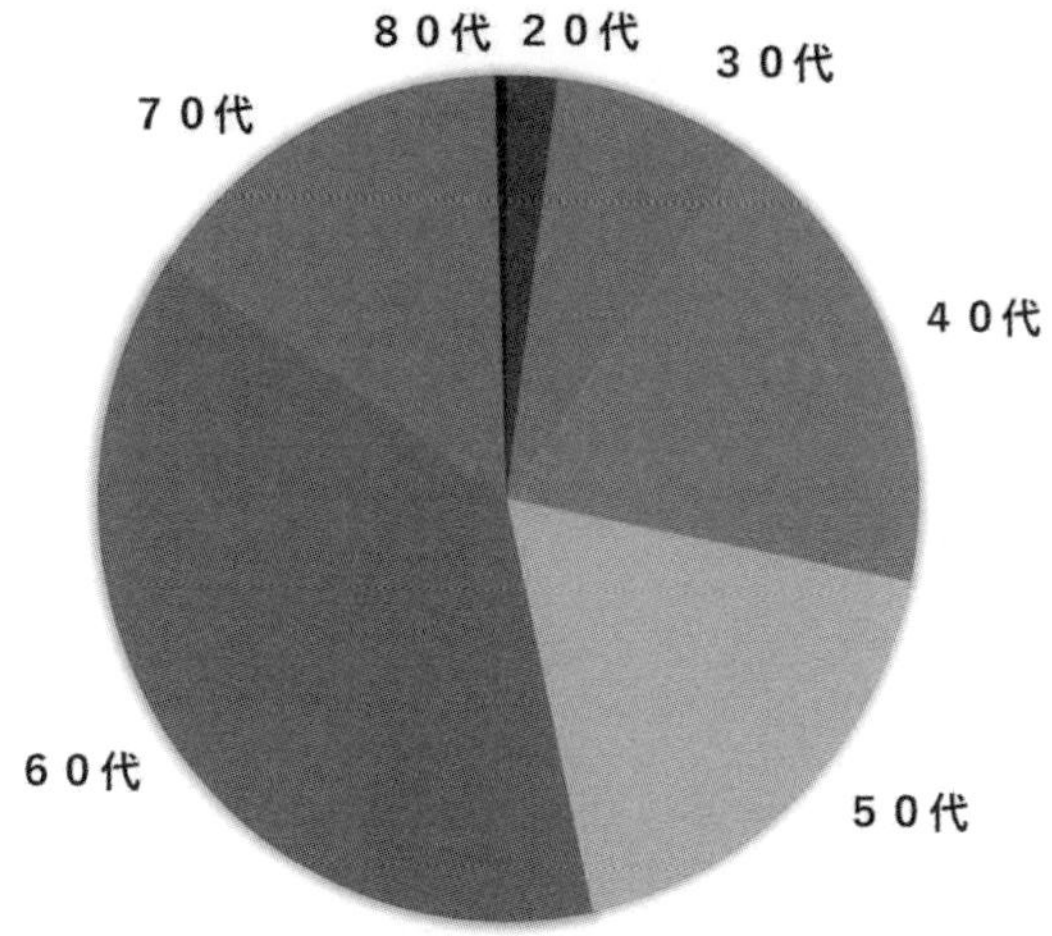

（グラフ3）藤沢市の非常勤講師・SSSの年齢構成

す（グラフ3）。

七〇代がこんなにいます。最高齢八〇代の人までいます。定年延長が始まった頃、おじいちゃんおばあちゃんが孫を教える学校って言われました。いまや、ひいじいちゃん、ひいばあちゃんがひ孫を教える学校です。

この七〇代八〇代の先生を悪いと言っているのではありません。皆さん本当にベテランだし、授業の力もある人たちです。本当にその意味では素晴らしいし、頭が下がりますけど、そういう問題じゃないですよね。

七〇代八〇代の人にまで頼らなければ成り立たない学校って何なのですか。

なぜこんなことが起きたのか。実は教員免許更新制という制度のせいなのです。

これは文部科学省のホームページの教員免許更新制のページです（次頁表5）。ここに変なことが書いてあります。

文部科学省 MINISTRY OF EDUCATION, CULTURE, SPORTS, SCIENCE AND TECHNOLOGY-JAPAN

## 教員免許更新制

### 教員免許更新制の概要

平成19年6月の改正教育職員免許法の成立により、平成21年4月1日から教員免許更新制が導入されました。

1．目的

教員免許更新制は、その時々で教員として必要な資質能力が保持されるよう、定期的に最新の知識技能を身に付けることで、教員が自信と誇りを持って教壇に立ち、社会の尊敬と信頼を得ることを目指すものです。

※　不適格教員の排除を目的としたものではありません。

2．基本的な制度設計について

原則的に、有効期間満了日（修了確認期限）の2年2ヶ月から2ヶ月前までの2年間に、大学などが開設する30時間以上の免許状更新講習を受講・修了した後、免許管理者（都道府県教育委員会）に申請する必要があります。
また、有効期間の延長（修了確認期限の延期）が可能な理由に該当する場合や講習の免除対象者に該当する場合には、そのために必要な申請などの手続きを行います。

（表5）教員免許更新制

「不適格教員の排除を目的としたものではありません」なんじゃこりゃ、と思われるかもしれません。

今までは大学で教員免許を取れば、それはずっとそのまま消えませんでした。ところが、免許更新制が始まって、一〇年に一回、先生は三〇時間ぐらいの講習を受けなければいけなくなりました。たいへんな負担です。しかも自費です。講習を受けないと免許がなくなってしまいます。

（表6）

## 第一次安倍内閣「教育再生会議」提言

- 不適格教員排除のための教員免許更新制
- 全国学力テスト
- 学校選択制の導入
- 道徳の教科化
- 教科書検定基準の改悪

**手法としては新自由主義、競争主義**
**イデオロギー的には復古的、歴史改竄主義**

### ＊始めたのは安倍内閣、教育再生会議

免許更新制を始めたのは第一次安倍内閣のときの教育再生会議です。今日は安倍政権の教育政策についてあまりお話はしませんが、これを見ていただくだけでもかなり露骨です（表6）。「全国学力テスト」「学校選択制」「道徳の教科化」「教科書検定基準の改悪」。手法としては新自由主義的、競争主義的、イデオロギー的には復古的、歴史改竄主義と言えると思います。

その政策の一つが「不適格教員排除のための教員免許更新制」です。「不適格教員排除」とはっきりうたっていたのです。

「不適格教員排除のため」ってこれだけ聞くと、ひどい暴力教師とか、セクハラ教師がいるのだから、いいことじゃないかと思われるかもしれません。でも、暴力を振るうとか、わいせつ行為をする教師は、いまの制度だって処分できます。

では、ここでいう「不適格教員」とは何か。安倍元首相は日教組嫌いですね。つまり、こういう政策に異を唱えるような教員のことを「不適格教員」と言っているわけです。お上に盾つくような教師は一〇年に一度の免許更新講習でクビにしちゃおうと。これを目的に考えられたのが教員免許更新制です。

だけど思想信条でもってクビにしたら大問題になります。国会審議の中でも、文科省もそんなことはできませんと散々言って、結局、これはあくまで教員の資質向上のためだ、となったわけです。だからわざわざ文科省は、「不適格教員の排除を目的にしたものではありません」と書かなくてはいけなかったのです。

## ＊政治介入のための私的諮問機関

そもそも、この教育再生会議というのが曲者《くせもの》です。教育は本来、政治が介入してはいけないものです。だから教育委員会制度がある。教育の問題も、文部科学省が中央教育審議会を開いてそこで決めるはずです。ところが教育再生会議は内閣府直属です。首相の私的諮問機関です。だから、そこに集まるメンバーは大半が「お友達」です。結論ありきです。そして「教育再生会議が決めたから」ということで文科省に下ろしていく。文科省が抵抗できるかといったら、「総理のご意向」ですから、できません。モリ・カケもそうでしたよね。

この教員免許更新制を入れた結果どうなったか。これは私のところに来たメールです。「免許切れたら終わりにします。あと少しです」「私は今年度、二回目の免許更新でしたが、やめました」「教員の増員は免許更新制度がネックですね。時間とお金をかけて更新するのがイヤで今年も多くの魅力的な経験豊かな方が免許を失いました」

若い方はまだ仕事をしなければいけないから更新を受けるけど、本当に多忙で疲れて、もうあと一年か二年で退職という人が免許更新講習を受けますか？「もういい」と言ってやめる人が大勢出ました。

だから、退職者に産休や育休の代替をお願いしようと思っても、「ごめんなさい、もう免許がないんです」と言われて、断られてしまうのです。これも先生不足の大きな理由です。

ただし、免許更新制には実は例外がありました。免許更新制が始まる前に免許を持っていた人は、制度が適用されません。免許が消えない旧免許の人がいるのです。だいたい七〇代以上の人たちです。だからこの人たちに対応をお願いするしかないのです。

でも、七〇代って元全共闘世代で一番うるさ型ですよ。皮肉なことに、安倍さんがいちばん排除したかった人たちが、免許更新制のおかげでいまも教壇に残っているのです。

## ＊基礎研究を排除する「選択と集中方式」

もう一つお話しします。先日「理系学生五割へ、行程発表」という記事がありました。ご存知ですか。

岸田政権のもとで教育未来創造会議がつくられましたが、安倍政権のときの教育再生会議と同じだと思ってください。ここで、理系の学生を五割に増やすという政策を打ち出しました。

要は成長分野に大学の力を集中させるという政策です。それだけ聞くと良いことのように聞こえます。問題は、さっきからお話ししているように教育予算は増えていないのです。軍事費だけは大幅に増えている。教育費が増えないのに、理系に力を入れるってどうすると思いますか？成長に繋がらない学部の予算を削るのです。一部の成長に繋がる学部に、しかも特定の大学の特定の学部にドンと金を突っ込むのです。

これが「選択と集中」方式です。では、成長に繋がらない学部って何だと思います？　典型は文学部です。教育学部も金になりません。興味がある方は、毎日新聞の取材チームが書いた『誰が科学を殺すのか――科学技術立国「崩壊」の衝撃』という本です（次頁表7）。よろしかったらこれ読んでみてください。

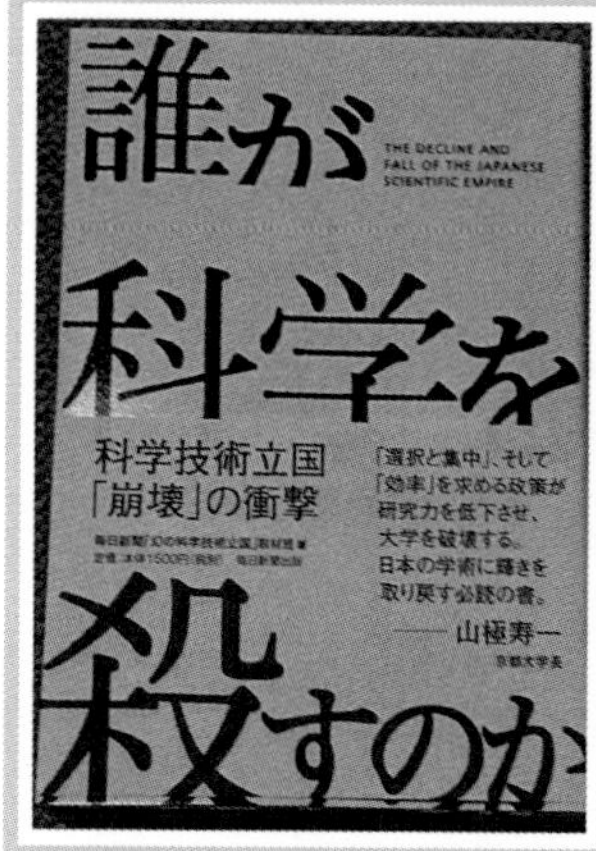


「集中と選択」政策　（表7）

安倍政権は大学教育に関して「集中と選択」という政策を取った。

これは経済活動に直結するような研究に教育予算を重点配分する一方、基礎研究を軽視するものであったため、それが長期的な日本の学術研究の衰退を生んでいるとの指摘がある。

また理系が重視される一方、文学部や教育学部などの予算は削減された。

安倍内閣は集中と選択という政策をとり、基礎研究を軽視するようになりました。つまり、いますぐに金になりそうなところには金を突っ込むのです。「近畿大学を見ろ、マグロであんなに稼いでいるじゃないか。大学も自力で研究費を稼ぐことを覚えろ。企業から研究委託を受けるとかしろ」ってやるわけです。文学部に企業は金を出してくれないでしょう。

でも学問はそんなものではありません。基礎研究というものは、今すぐ金になるかどうかわかりません。ショウジョウバエがどうのこうのっていうのを、五年も一〇年も研究しているような学問に光があたるわけはないのです。

だけどノーベル賞を取った学者さんたちは、何十年も前に、「お前そんな研究して何になる」って言われながら基礎的な研究をコツコツやってきました。それが今になって成果として大発見に繋がったりしています。目先のことに捉われるあまり、基礎研究をないがしろにしているのです。

世界中の研究者はいろいろな研究を見て、これは大事だと思うものを引用して自分の研究を組み立てます。ところが、日本の論文で引用されるような重要な科学論文の数は減少し続け、いまや世界で一二位です。ここ二〇年、国内の大学の研究開発費は主要国に比べ伸びていない。理系を重視したはずじゃないのですか。重視の方向が間違っているのです。

これから日本は理系分野ではもうノーベル賞を取れないだろうとさえ言われています。基礎研究を軽視する国がノーベル賞を取れる学者を生み出せるはずがないのです。

最近、真鍋淑郎さんがノーベル物理学賞を取りました。「日本がノーベル賞を取った」かのように言う人がいますが、あの方はアメリカ国籍です。プリンストン大学です。優秀な学者は日本に見切りをつけて、海外流出が始まっているのです。

なんでこんなことに気がつかないのかと思うでしょう。安倍さんもそうだし菅政権もそうだったけれど、官邸主導で、それに異を唱えるような官僚は全部飛ばされてきたわけです。霞が関は、上から言われたことをただそのままやるだけという風潮が蔓延していると言われています。

## ＊日本学術会議の任命拒否問題

ちなみにこの体質は、学術会議の任命拒否問題にも繋がっています。うるさいこと言う奴は嫌いなのです。耳の痛いことを言う学者なんていらない。逆らったらこうなるぞと、見せしめのための任命拒否です。

教科書問題も同じ手法です。この話は詳しくしませんけれど、いわゆる「新しい歴史教科書をつくる会」の系列の教科書が、四年前の採択までは本当に増えました。神奈川県では使用される歴史教科書の過半数が「つくる会」系教科書だった時期があったのです。ところがこの前の採択では、激減しました。政治の力で特定の教科書を採択させるような施策をとってきたからですが、やはり無理があります。そんなやり方は長く続きませんでした。

そこで最近始めたのが政府答弁と政府見解です。閣議決定はオールマイティ。「閣議決定したから教科書に書け」ということを始めたのです。政府の公式見解だから従え。これは新しい教科書介入の方式ですね。こんなことをしていて、この国は大丈夫でしょうか。

## ⑷これからどうしていくか　学校崩壊を防ぐために

ここまで重くなる話ばかりでしたが、それだけで終わるつもりはありません。これからどうしていくかです。

安倍さんが亡くなりました。実は教員免許更新制なんて諸悪の根源だ、世紀の愚策だとみんな言っていました。教育委員会ですら公言するほどでした。でも、なぜやめられなかったかというと、一押しだった安倍さんがいたからです。だから、いなくなったら、あっという間に免許更新制は廃止です（次頁、新聞記事）。だってこれをやめなかったらどうなりますか。七〇代に頼らなければ成り立たない学校なんて、長く続くわけがありません。

もう一つは、この学校の状況を、やっと皆さんが聞いてくださるようになりました。いままで私たちは、この学校の状況を社会に認知してもらわなければならないということで、いろいろなところで話をしてきました。今年の四月、ＮＨＫがクローズアップ現代でやっと取り上げてくれたり、新聞もやっと取り上げてくれるようになりました。だけどまだ限られています。最近一番大きかったのは、『週刊東洋経済』で、特集を組んでくれました。「学校が崩れる」というタイトルです。

# 教員免許更新制、7月廃止

## 改正法可決　来年度から新研修

教員免許に10年の期限を設け、講習を受けなければ失効する教員免許更新制を廃止する改正法が11日の参院本会議で可決、成立した。更新制は7月1日で廃止され、免許の有効期限や更新講習がなくなる。一方、来年度からは教員ごとに研修記録を義務づける新たな制度が始まる。文部科学省は今夏に研修の詳しい枠組みを示す方針だ。

改正されたのは、教育職員免許法と教育公務員特例法。新制度では、教員の受けた研修履歴が都道府県教育委員会の管理するシステムなどに記録され、校長らがこれをもとに受講すべき研修内容を助言する。都道府県や市町村の教委は、研修実施機関「教職員支援機構」や大学に、研修に関する情報提供などの協力を求めることができる。

教員免許更新制は、教員の資質確保を目的に2009年度に開始。10年の期限切れ前の2年間で更新講習を30時間以上受けなければ失効していた。文科省は昨年8月に廃止の方針を決めた。

### 校長が記録見て受講奨励

文科省によると、新たな研修の仕組みは、教員一人ひとりの研修履歴の記録を校長らが閲覧し、年度初めに面談などで必要な研修の受講を奨励。年度終わりに再び面談などで受講の有無や、スキルの向上につながったかを確認する運用を想定する。身につけるべき資質については、特別支援教育▽外国人の児童生徒への対応▽ICT（情報通信技

朝日新聞（2022年3月12日）

今日もこういう場をつくっていただいて感謝しています。ぜひ皆さんも広めてください。ただしこれには強烈な副作用があります。この話を聞いた若い学生さんが、「やっぱり先生は嫌だ」と言いだすかもしれません。そこがジレンマです。

ではどうすればいいのか、実は、答えは簡単です。人を増やし、教育予算を増やすことです。それしかありません。慶應大学の佐久間先生も言っていらっしゃいますが、とにかく教員の数を増やさなければいけない。だけどいまのまま教員定数を増やしても人は集まらない。「先生不足」の解消には教職員の待遇改善をするしかありません。

## ＊外国籍教員の地位拡大

あともう一つ、ぜひやってほしいと思うことがあります。学校の先生って外国籍の人はなれると思いますか？　なれるのです。なれるけれど「国籍条項」というものがあって、担任もできるし部活もできる、生徒指導もできるけれど、管理職にはなれないのです。「教諭」ではなく「常勤講師」という職にしかなれません。この「常勤講師」の問題は、差別だとして日韓会談でも問題になっているくらいのことなのですが…。

子どもと接していればいいのであって、校長や教頭になりたくてなったんじゃないという人もいるでしょう。でも生涯賃金にして一〇〇〇万単位の差が出ますから、この問題は何とかしたい。実際、どの都道府県でも、外国籍教員はごくわずかしかいないです。でも中には、例えばキムとかパクとかいう本名で教壇に立っている方もいます。卒業式にチマチョゴリで出た人もいます。そのような方たちの力をもっと借りればいいのに。外国にルーツを持つ子どもたちがいっぱい増えている中で、そういう先生が一人でも学校にいれば、その子たちにとってもどれだけ将来に希望が持てるか、勇気づけられるか。一石二鳥です。ぜひ国籍条項の撤廃は進めていきたいと思っています。

## ＊特別支援学校（学級）とヤングケアラー

つい最近、国連が日本に対して、障害者権利条約について日本が条約通りの政策をとっているかどうか審査し勧告しました。

惨憺たる結果でした。一つは精神科病院への隔離入院・強制入院の問題。それから、日本はインクルーシブ教育と言いながら、いまだに特別支援学級・特別支援学校がある。これは事実上の分離教育だから改善せよというもので、強烈な勧告です。

ただ、先生たちも障害のある子どもと「共に学ぶ」教育をしたくない、と言っているのではありません。そうしたいけれど、これまでお話しした状況をそのままにして、障害のある子を受け入れることが相当厳しいのは事実なのです。私は、国連勧告を踏まえて、教育予算増と定数増をするべきだと思います。

文科省の「新しい時代の特別支援教育のあり方に関する有識者会議」という会議があって、委員である国士舘大学の野口晃菜先生が、あるメディアでこういうことを書いてらっしゃいました。

ポイントは、学校に通う子どもたちは多様であることを前提とすること。そして、教育システムそのものを変えるプロセスが大切であるということです。この多様な子どもの中には、障害のある子どものみならず、性的マイノリティの子ども、外国にルーツのある子ども、ヤングケアラーの子どもなど排除されやすい子どもたちが含まれる。国連勧告をただ単に障害児のことだけと見るのではなく、子どもたちの多様性を尊重しながら、「共に学ぶ」教育を進めていこう。そう国際社会から日本は求められているのです。

その通りじゃないでしょうか。そしてこれは、安倍政権の教育再生会議の新自由主義的、競争主義的な政策と比べて真逆です。いま日本が進めるべきものは、私はこれだと思っています。

余談ですが、この頃ヤングケアラーのことが、だいぶ知られてきました。

ヤングケアラーとは、家族の介護や様々なケアなどを担っている子どもたちのことです。介護というと、中高年以降の課題だと思われがちですが、実は認知症のおばあちゃんの世話をしている小学生とか、障害がある兄弟を世話している子どもたちとか。それからシングルマザーのお母さんが心を病んでしまって、そのお母さんの代わりに家事をしたり、幼い兄弟の世話をしたり、「死にたい」と言って泣くお母さんを支えているような子どもたちです。

実は、日本でいちばん最初の時期にヤングケアラーについて学術調査を実施したのは藤沢なのです。全教職員を対象に「そういう子はいませんか」という調査をして、ヤングケアラーがいることを立証して、厚生労働省にデータをあげました。

私もこの調査の準備段階にかかわったのですが、最初は「この忙しいときに、そんな調査に協力できるか」と言われないかと心配しました。でも、そんなことはまったくありませんでした。みんな子どもにとって大切なことを「やらない」と言っているのでは決してないのです。これは膨大な調査でしたが、「たしかに、そういう子はいる。悩んでいる子が何人もいるから、何とかしよう」と、多くの先生が忙しい中でも調査に協力してくれました。先生って、そういうものなのです。

子どもたちのそばに居たいし、子どもたちと一緒に勉強もしたい。だけどそれができない状況を何とかしてほしい。「教員不足」の訴えは、そういう悲鳴なのです。

先生だけの問題ではありません。「担任がいない」「授業ができない」、それは子どもたちの教育の「質」が著しく低下しているという問題でもありますよね。

このままでは先生不足で、日本の学校教育は崩壊しかねません。私は危機感を抱いています。

ご清聴ありがとうございました。

〔質疑応答〕

（Q）大学の教育学部の定員が減っているのか、定員は変わらないけど志望する人が減っているということなのか。それからインセンティブとして、自治医科大学とか防衛大学校みたいにですね、授業料タダで、場合によっては手当も出ますよという施策も考えられないか。

神奈川県の教育は先進的であるというイメージ持っていたのですが、お粗末な教科書をなんでいっぱい採択した時期があったのか。

（A）教育学部自体の学生定員が減っているかというと必ずしもそうではないです。でも教育学部に進学してくる学生が減っているので、最近は縮小傾向にあります。

教育学部がないところでも教員養成課程を持っている学校もありますが、こちらの方がもっと顕著で、教職を取る学生は激減しています。だからもう、講座が持ちこたえきれない、という現象も出ています。

それから、インセンティブを与えられないのかということですが、おっしゃる通りです。戦前は貧しい家庭に生まれた子どもたちに対して、社会に出て行くルートが二つあったのです。無料でそこに行けて、そこを卒業すれば社会に出られたというのが士官学校か師範学校でした。

必ずしも豊かではない家庭の子であっても、先生になるのであれば社会に出ていけたのです。戦後も奨学金を受けて教師になって、何年か勤めれば奨学金は返さなくていい、という制度はあったのです。

ところが小泉構造改革の時に、日本育英会が日本学生支援機構に変わりました。奨学金を民営化したのです。それまでは財政投融資資金を原資にしていたものが、銀行とか証券会社のマネーに変わった。だから、今や奨学金は利子付きの奨学金が多くて、そんなもの奨学金じゃなくて単なる教育ローンだと言われている時代です。これに合わせて、奨学金は返さなくていいという制度はなくなりました。私はこれを復活させるべきだと思います。

むしろ、生活に苦労してきた子どもたちだからこそ、そういう境遇の子どもたちのことがわかるじゃないかと。これも一石二鳥だと主張しています。

それから「つくる会」系の教科書採択。「何で神奈川が」って言われましたが、かつての革新知事、革新市長がいた時代ではなくなったのです。ある時に、松下政経塾系の横浜市長や藤沢市長が生まれました。自民党に行った中田宏が横浜市長。そのお仲間の海老根靖典が藤沢市長になりました。

この二人は杉並区長だった山田宏と松下政経三羽烏と言われますが、山田宏が杉並でやったのと同じ手法、つまり教育委員を全部自分の息のかかった者にした。つくる会系教科書を採択しそうな教育委員に変えたのです。

だから、現場がどんな意見を言おうと、最終決定権は教育委員会にあるのだというふうに言い張って、教育委員の多数決で、現場の評価の低かった「つくる会」系教科書を採択しました。

ただ、もう二人ともいなくなりましたから、まっとうな教育委員が選ばれた結果、消えていきました。これは全国どこもだいたい同じで、大阪でも同じような経過になりました。

(Q) 普通、会社は採用する時に、別にプレトレーニングとかしないで、試験だけで会社は採用します。同じように、僕は義務教育をする場であっても、採用試験だけで先生にして、すぐやらせる。大学でも助教クラスの人は教え方がうまいです。日本の義務教育も、教師になりたい人はもう試験を受ければいいと。面接を受けて、それで実際にやらしてみる。やらせてダメならやめさせる。通る人はどうぞ。そういうようなシステムじゃダメなんですか。

(A) いろいろな考え方があるので、いまおっしゃったことも一つの考え方だとは思いますけれど…。

一つは、そのダメな先生の授業をうけていた間の子どもたちがどうなのかっていうことです。

おっしゃるような先生の卵は、まず教育実習の中である程度セレクトされます。免許を持ってない学生さんたちは教育実習をします。最近はかなり期間も長くなりました。そこで実際に、この人は教師に向いているかいないか評価されます。

また、教職につくためには専門知識が必要です。日本の教育は、教育基本法や学校教育法などといった法律に従って行われています。例えば体罰をしてはならないとか、個人情報に対する扱い。授業のしかたも、子どもたちの発達段階を承知してやらなければいけませんから、教育心理の勉強もしたり、教育の考え方として教育原理というものを身につけたり、それがない人はなかなか難しい部分があると思います。授業だけすればいいというものではなくて、子どもたち一人一人を見なければならない。

だから私は、やっぱり最低限の基礎的な知識というのを身につける必要があるし、むしろよりきちんと勉強すべきだと思っています。ひと頃は四年制じゃ足りない、大学院まで行かせて、より優秀な先生をもっと増やすべきだという議論も一方であったりするくらいなのです。

そういうふうにいろいろ意見がわかれる中で、たしかに先生もいくつか分けて、そんなに資格ががっちりしない人でも教壇に立っていいじゃないの、そういう人も入れればどうにかなるよっていう意見もないわけじゃありませんが。

（Q）昔は日教組があって自分もいましたが、そういう組合的なものは今どうなっているのでしょうか？

（A）日本教職員組合ですが、各都道府県によって組織率はかなりまちまちです。だから「日教組の力は落ちた」と言われていますが、県によってはまだまだ力があります。私は神奈川ですけど、結構組織率も高いし、力を持っています。

この教員不足の問題を早くから問題にし始めたひとつも神奈川県教組です。先ほど話した慶応大学の教職教養センターの佐久間先生と、それから神奈川県教組の書記長が一緒になって共同研究をして、それを日本教育学会に提出し、中央教育審議会や文部科学省にも提出しています。

そのこともひとつのきっかけになって免許更新制が廃止されたり、文科省の全国調査にもつながりました。

つまり、昔のようにストライキとかデモをするだけが組合の闘いではなくて、学術的なデータをきちんと踏まえて、こういう事実があるというふうに提起していって政策を動かすというやり方を、特に神奈川はしています。

さっきのヤングケアラー問題もそうです。ちゃんと学術調査をやって、この結果こういう対策が必要でしょう、というやり方で私たちは動いています。

（日韓記者・市民セミナー　第三六回　二〇二二年九月一三日）

# 第Ⅲ講　在日として参院選に立候補
## ――誰もが大切にされる社会の実現へ

金　泰泳 ―― 東洋大学教授

キム・テヨンと申します。

在日コリアンの子供たちのアイデンティティ、あるいは学力や生活の問題について調べてまいりました。最近では在日外国人の子供たち、外国ルーツの子供たち、さらに在日コリアンをはじめとする人々のメンタルヘルス、精神的ないろいろな問題について調べてまいりました。

ご紹介いただきましたように、今回れいわ新選組から公認をいただいて、七月の選挙で比例区、比例全国区で出馬させていただくことになりました。ご存知の方も多いと思いますが、つい先日まで社民党から出る予定でした。それをやめて、れいわからということとなりました。これについても、後ほどご質問があれば、お答えしたいと思います。

## ＊在日韓国朝鮮人二世

まず私の生い立ちですが、父は二〇年ぐらい前に亡くなりました。一九二七年生まれで三七年に朝鮮から日本に渡ってきた在日の一世です。母はまだ健在で、広島県生まれの二世です。

私は愛知県の、今は豊川市の小坂井《こざかい》という町で生まれ育ちました。昔は宝の飯と書いて「ほい」の宝飯郡という、村が四つ集まって一つの郡をつくっておりました。周囲の町に在日はほとんどいなかったのですが、その小坂井町だけは在日が多く住んでいました。戦争中に住友金属系の軍需工場があり、そこに朝鮮人の人々が徴用され連れてこられて働いていたからです。そして戦争が終わった後も住み続けたというような経緯がありました。今でもそうです。

実は最近知ったことですが、私が教育を受けた中学校の敷地は、戦争中、朝鮮人徴用工の宿舎があったところのようです。このことは、小坂井町史にも載っていますが、でも私たちはそういう教育をまったく受けたことはございません。在日朝鮮人や、同和地区もありましたけども、そういった問題は触れてはいけないという雰囲気が満ちている町でした。ですから両親は小さな工場をやっておりましたが、自分から積極的に朝鮮人の家であることをあまり周りには言っておりませんでした。

私も一八歳になって大学で大阪に出るまで、自分が在日朝鮮人韓国人であるということを本当に必死に隠して生活をしておりました。

## ＊努力する意味などない

私が在日であることで一番古く記憶に残っていることとして、小学校四年生のときの思い出があります。午前の授業が終わって、掃除の時間になり、私は手を洗うところで雑巾を洗っておりました。

そうしたら同じクラスの女の子が来て、一緒に雑巾を洗い始めたんです。すごくその子のことが好きだったのでドキドキしておりました。その一時《いっとき》は、大変に幸せな時間でした。

その子がこっちを向いて、こう言ったんです。「あんた朝鮮人なの？」と。私はもう鳥肌と頭の毛が逆立つぐらいびっくりしまして、とっさに「違う」って答えたんです。そして私は、朝鮮人と日本人の混血だというようなことを言ったんです。

それはウソですね。両親とも私は韓国朝鮮人です。しかし、そうだ私は朝鮮人だと言えなかった。やはり思い出すと、その頃から、在日韓国朝鮮人であるということは、隠さなきゃいけないことと思ってきたんです。ネガティブで否定的なイメージが自分の中でも植え付けられていたんだと思います。

私の家は、伝票を綴じたりする製本の仕事をしていました。いつも経営は苦しくて、家は経済的に厳しい状況でした。小学校六年生のときに、私を修学旅行に行かせるお金がなくて、母と一緒に隣の家に「お金を貸してください」と頭を下げにいった記憶があります。

私の上には三人、兄、姉、姉がおり、私だけちょっと年が離れていますが、小さい頃から朝鮮人の家であることで親や兄弟が苦しむ姿を見て育ちました。だから私は、自分も大きくなったら、ああいう目に遭うんだろうなあと考えるようになりました。私はずっと大人になるのが怖かったです。できれば大人になんかなりたくないと思っていました。

高校では周りの友人たちが、あの大学に行きたいとかあんな会社に入りたいと希望を話しているのを尻目に、私はもう自暴自棄になっていました。いくら努力したって朝鮮人だからダメだって言われるんでしょと…。だったら、努力なんかする意味ないじゃないかと思っていました。

私は学生時代、大学院の頃、大阪の在日韓国朝鮮人の子供たちの民族子供会とか民族学級とかで指導員のような仕事をしました。

そうすると、よくあることとして、在日の子供たちが中学校一年生二年生は順調にやってきても、三年生になって卒業が近づくと、突然、髪の毛を染めたり、ピアスをつけたり、パーマかけたりと、ちょっと崩れるわけです。

それを通り越して、高校に進学すると一年二年は静かに過ごすけど、三年生になるとまた髪を染めたり、バイクを飛ばしたり、そして捕まったり、生活が崩れるんです。そういう子供たちを私は見ながら、かつての自分だなというふうに思っておりました。

やはり社会で差別を受ける状況にある子供たちは、そういう自分にとっての人生の岐路になると、自分が置かれている立場に、やはり呆然とするわけです。自分自身ではどうしようもないことによって、お前はダメだと言われて、いろんな機会から排除される。

そしてそれを受け止めきれずに非行に走ってしまったりする。そういう現象は今でもあります。

そしてこれは、ニューカマーの外国人の子供たちにもあります。私も高校の時に学校に行かなくなってしまったり、あるいは目をつり上げてですね、眉毛を剃ったり、あるいは親戚の兄《にい》ちゃんのバイクを乗り回して、パトカーに追いかけ回されたり、そういう生活を一時期過ごしておりました。

そういった中で、私は学力もどんどん落ちていって、そのうえ家には、とてもとても、私立大学に行かせるようなお金なんかありません。

家は大変に暗かったです。明るい家庭ではありませんでした。だから私は、早く家を出て行きたいとずっと思っていました。

## ＊大学での出会い、民族名と日雇い労働

そうしたことを総合的に考える中で、私は大阪の公立大学の大阪市立大学、最近名前は変わりましたけども、そこの夜間部に進学したわけです。

大学には在日の学生がたくさんいました。いろんな立場の学生がいました。被差別部落出身で解放運動をしている子もいました。障害を持つ学生もおりました。あるいは女性解放運動に頑張っている子たちもおりました。

いろんな出会いがある中で、それまで在日であることを隠していましたが、「自分は朝鮮人なんだ」と言うと、「ああ、そうなんだ、一杯飲みに行こうよ」という感じで、話したことを喜んでもらえるような、そういう人間関係ができました。

そういう広い意味での仲間ができたことによって、私は一八歳の九月からキム・テヨンという名前を使って、生活をするようになりました。私にとっては、あの大学に入っていろんな人と知り合えたことが、本当に大げさではなくて、自分の人生がそれによって変わったなあというふうに思っております。

私は夜間部でしたから、昼間は仕事をして、自分の学費も稼いでおりました。大学は住吉区にありました。同じ学年で入った在日が朝鮮学校の出身の子で、そして彼は生野区のすぐ横の東成区の出身で、「一回生野、行こうよ」って言うんです。鶴橋に連れて行ってくれて街を回って、もうびっくりしました。表札に通名と韓国名の両方かかっていたんです。私はずっと必死で隠してきて、いつそれがばれるかと思って戦々恐々としてきたので、「ああ、こんな世界があるんだなあ」と、本当にカルチャーショックでした。

そういう地域が、私には本当に眩しくて、大学に入って二年ぐらいして、生野区に引っ越しました。生野区で、障害を持った在日の子供たちが通う学童保育所の指導員をやったり、障害を持った人たちと一緒に仕事をする工場で働いたりしておりました。

また、生野区には在日の地場産業があります。そのサンダル製造業も、親方一人僕一人の小さいところでしたが、軽トラックに乗って生野の町で内職回りをする仕事を、一年か二年ぐらいやったりもしました。

また、大阪の西成区に引っ越して、釜ケ崎で日雇いの仕事もしたりしました。朝四時、五時から、新今宮駅の労働センターの下の労働者を探しに来ているところで、ここは一万三〇〇〇円だ、ここは一万四〇〇〇円だと労賃を見て、バンに乗せられて労働現場に行ったりする生活を送っておりました。

そのように仕事をしながら、在日の地域活動や民族活動、民族教育をする集まりに参加したりして、青春時代を過ごしておりました。

## ＊在日外国人に地方参政権を

今回立候補ということに直接的に繋がることになったのは、昨年の一月からインターネットの署名サイトのChange.org（チェンジオーグ）です。そこで、在日外国人の人たちの地方参政権を求める署名活動を始めさせていただきました。今年の二月に、一応総務省の担当者に提出しましたが、国会議員の方々にも協力、賛同をいただきたいと思って、いくつかの政党、議員の方に要請したりしました。

しかし、おしなべて消極的でした。「いいよ、協力するよ」ではなくて、「うーん、ちょっとねえ」という感じが強かったです。外国人の問題に関わっても選挙権がないので票に結びつかないからです。

しかもこのご時世、外国人問題に加担しているとわかると、いわゆるネトウヨや右の人たちから叩かれる。はっきりそう言った人がいましたけども、リスクはあってもメリットが少ないと言っておられました。

そういう中で痛切に思ったのは、市民運動がお城の外堀から声を上げて要望を届けることだとすると、お城の中の本丸でその声を受け止めて、自分のこととして動いてくれる存在が必要だということでした。

今回の署名活動を始めたということの行きがかり上、私は自分なりにどのような責任の取り方があるだろうかと考え込みました。「署名を集めました」「集めたけれどダメでした」で終わるのはちょっとむなしい。

もちろん定住外国人の地方参政権の問題だけでなく、実現したい問題はたくさんあるんです。そのためには、自分が主体的に動く立場になりたいと思いました。つくられた制度によって動かされるだけでなく、自分が制度を変えたり、制度をつくっていく側になりたい。そう思うようになって、選挙に出ようと決意しました。

私は二〇〇九年に日本籍を取っていました。日本籍を取った大きな理由も、やはり参政権でした。日本籍を取らないと自分の声を届けるすべがない。いつも外野で声を上げることしかできない、そういうもどかしさが嫌だったんです。

そして今回立候補をさせていただくことになりました。

昨年の暮れに、私はあるインターネット番組に出させていただいたんです。武蔵野市の住民投票の問題で、それに反対する自民党議員の人も出ていました。

議論する中で、その自民党の議員が、「あなたたち、住民投票って言ったあとは地方参政権って言うんでしょう」「そのあとは国政参政権じゃないの」と言うわけです。そうこうしているうちに、「日本でありながら、日本人の肩身が狭くなって権利が侵されるようになるんじゃないか」と言われたんですね。

そこで私は、「そうじゃありませんよ。国や行政も使う多文化共生の共生は、ある特定の人たちの幸福追求が、他の人の幸福追求を抑圧してしまっては意味がない」「自分たちの幸福の追求と他者の幸福の追求をいかにバランスを保って共存させていくか。この知恵が共生でしょ」と言いました。

そうしたら、その議員が一言「それはねえ、性善説だよ」と言いました。「あんた、人を良く見すぎだよ」と言われたんです。それで私は「そんなに心配だったら、制度をつくったらいいじゃないですか」と言ったんです。

例えば多民族の国ではよくあることですが、いろんな人種、民族の代表やマイノリティの代表が出てきて、それぞれの集団の利害を調整する政府機関や行政機関があります。ある特定の集団の権利だけが肥大化してしまって、逆にある特定の集団の権利が小さくなってしまうようなことを避けるために、利害を調整する機関があるんです。

これを日本でもつくればいいんです。「心配ばっかりしてないで、現実にそういうシステムをつくっていきましょうよ」と提案しましたが、彼から返事はありませんでした。

これが外国籍住民参政権のことも含めて、いわゆる反対派の人たちが持っている危機感であり、危惧なんだなあと私は感じたわけです。

## ＊誰もが大切にされていると思える社会

私がいま、こうやって生きてこられたのは、もちろん在日韓国朝鮮人の友人や先輩たちの助けや協力があってのことです。でも在日だけの力で、ここまで来られたわけではありません。

本当にいろんな人たちとの出会いがあって、助けられ支えられてここまで来ております。ですから、私の教育や研究は、社会の中でのマイノリティ、社会的弱者、少数者の人たちの立場、権益、生活を改善させたい、それに資することができるような何かをしたいと思ってやってきました。

私が掲げるキャッチフレーズは、「誰もがこの社会で、自分は大切にされていると思えるような、そういう社会をつくりたい」というものです。「お前はあっちに行っときな」「お前なんていなくてもいい人間だ」ではなくて、ここに生きていることで自分は大事にされていると思えるような地域づくり、社会づくり、国づくりをしたいと思っています。

ただ、今までの、マイノリティの人たちのための施策は、弱者救済で終わってきたのではないかと思うんです。

弱者救済で止まっていたら、そこには制度依存しか残りません。制度のあるうちはやってやるけど、制度が切れたらポシャってしまうのではダメです。やはり制度というのは、人々を勇気づける、自立してもらう、エンパワーメントしていくための、目的ではなく手段だと思うんです。あくまで手段だと思います。

弱者救済で終わるのではなくて、今まで社会の隅っこや底辺で生きてきた人間が、社会の活力として活躍してもらうような存在になっていくような、そういう施策にしていかなければいけないと私は思っております。

## ＊思い描く施策

私が取り組んでいきたい施策について掲げてみます。

まず、定住外国籍住民、そして国籍問題、参政権です。私は、日本で生まれるすべての子供たちに日本国籍を与えるという出生主義を日本でもやったらどうかと思っております。

また、二重国籍などの複数国籍を認める。在日韓国朝鮮人や台湾出身者のように、特別な事情を持つ旧植民地出身の人々には、一般外国人の人たちとは違う日本国籍取得制度です。届け出によって日本国籍が取得できるとか、そうした法制度をつくってはどうかとも思ったりしております。

また、ジェンダー平等です。コロナ禍の時期だけでなくて、これから先も生理用品を無償化していくということが必要ではないかと思っています。

緊急避妊薬、アフターピル。性交渉をしたあとに、ある一定の時間内であれば七〇％から八〇％妊娠を防ぐことができる。それによって性犯罪による望まぬ妊娠などを避ける等々です。夫婦別姓などもやるべきだと思っております。

私はジェンダー平等というものを単なるお題目として叫んでいるわけではありません。実は私自身、重い経験があります。

一〇年ぐらい前に卒業しましたが、ある女子学生が自分のゼミにおりました。彼女はある日、私の携帯に電話してきて、付き合っていた三〇代の男性との間に子供ができたというんです。自分は産みたいと思っている。だけど自分の親は反対しているし、相手の男性も認知はしないと言っている。男性の家族も中絶しろと言っている。

そして彼女はそのあとに、こう続けました。「自分は赤ちゃんを産んで、熊本県の慈恵病院の赤ちゃんポストに預けようと思う」と言うんです。私はちょっとショックでした。なぜかというと、私は授業で命について話しており、その中で赤ちゃんポストの問題も取り上げていたんです。でも、この女子学生の言葉のニュアンスが、ちょっと安易に感じられました。赤ちゃんポストに預けることを前提に子供を産むということが果たしてどうなのか。私はこの時、頭が混乱してしまいました。

私は彼女に、自分はどう考えていいかちょっとわからないから、明日、慈恵病院に電話して聞いてみていいかと言ったら、いいって言ったんです。実はその日の昼間に、彼女は自分で慈恵病院に電話して相談していたんです。実名も名乗って相談しておりました。

それなら「電話した〇〇さんの担当教員です」と言っていいかと聞いたら、いいと言ったものですから、私は次の日に、慈恵病院に電話して、看護師長さんとお話ししました。そしたら熊本まで来てもらうのはちょっと厳しいだろうから、埼玉県に私どもの活動を支援してくれる方がおられますので、その人を紹介しようと思っていると、師長さんに言われました。そして、結論を出すまでには少し時間があるので、それで考えてみてもらおうと思っていると言われました。

それで「私は何をしたらいいでしょうか」と聞きました。そうしましたら師長さんに「先生は関わらないでください」と言われました。

これは、もしかしたら私に対する配慮だったかもしれません。赤ちゃんポストは、法的にも微妙なところがあります。子供を遺棄する幇助にならないかという議論があるんです。

それに手を貸すことは、私自身にも法的責任が問われる可能性がないとも言えないからです。それで師長さんにお任せしました。

それが三月ころのことでした。六月まで年度初めでバタバタして、その子からも連絡がなく、どうしたのかなあと思って連絡したら、中絶したと言いました。いまの自分にはやはり難しいという結論になったということでした。

実はその学生、その後死んでしまったんです。北海道に旅行に行って八月の二五日に事故で亡くなったと、親御さんは言われました。さすがに「本当ですか」とは言えませんので、「そうでしたか」ということで終わりましたが、私は自死ではなかったのかなと思ったりしております。その子と仲の良かった同じゼミの女子学生が研究室に飛び込んできて、「先生、○○ちゃん亡くなったの知ってますか」と言ったんです。それで親御さんにすぐ電話したら、そういう回答だったんです。

正直のところ、彼女から中絶したと聞いたとき、この問題はこれで終わったというふうに思いました。しかし、彼女の中では終わってなかったのではないだろうか。そういうふうに思ったりしております。六月に、彼女からそういう報告を受けたあと、おせっかいでも、「どうしてるんや」と、もし声をかけたりしていたら、また違った結果になったのではないかと私は今でも悔やんでいます。今でも命日には、仲の良かった子たちと一緒にお墓参りしています。

そういうこともあって、私はジェンダーの問題、女性の問題というのは綺麗事ではなく、男性の問題だと思っております。

やはり子供たちには適切な年齢から適切な性教育をしていくべきだと私は思っています。よく性教育のことを言うと、それが逆に性についての関心を持たせて、助長することになるんじゃないかと反対する人がいます。これは逆なんです。特に欧米でWHOがやった調査では、性教育を盛んに行っているところほど、若者たちは性の問題に慎重になるんです。

そして男性は女性を、女性は男性を、お互いのことを大切に考えるようになるんです。それが調査の結果から明らかになっています。今の政権は、そういったことに蓋をしたり避けたりする傾向が強いけど、私たちは積極的に話していくべきだと思っております。

## ＊マイノリティーを傍観者でなく当事者に

私は性的少数者の問題を、同性婚の問題を含めて進めるべきだと思っています。また、脱原発、非核化政策も進めるべきだと思っております。

先だって、脱原発の国会前行動に参加させていただきました。しかし、おそらくそこに外国人はいなかったと思います。しかし、原発でひと度事故が起これば、放射能を浴びるのは日本人だけではありません。放射能は国籍を選びません。つまり外国人の人々は、自分たちの命に関わることを人様に預けるしかない現実があります。

これは、はっきりとした人権侵害だと思います。原発の問題もそうですが、外国籍住民の人々を日本社会の傍観者ではなくて、当事者にしてほしい、当事者にしていくべきだと思っています。

そしてよく知られていることですが、日本の国会議員の女性の割合は一〇％に満たない状況です。放っておいたら、なかなか改善されるとは思えません。女性も含め、少数民族や障害を持った人たちや、いわゆるマイノリティの人々を、国会議員あるいは地方議員でも、何％かは割り当てるクォーター制を導入してはどうかと思っております。

気候変動問題、また沖縄の基地軽減の問題を私は取り組んでいきたいと思っております。また、元受刑者の方々、刑期を終えて出てきても、生活が苦しく仲間ができない中で、六〇％から七〇％の人が再犯をして刑務所に入っていくという現実があります。

ＮＰＯ法人マザーハウスという団体があります。そこの五十嵐弘志さんと知り合いにならせていただきました。彼は五〇代ですが、人生の半分を刑務所で過ごしてきた人です。自分と同じような人を出さないために元受刑者のサポート活動をしています。いろんな人の身元引受人になって、積極的に活動しておられる。お話を聞いてわかったことは、そうした刑期を終えて出所をされた方の中に、在日韓国朝鮮人が少なからずいるということです。そのことも含めて法律の施策をつくっていきたい。

ＮＰＯ法人というのは政治的中立性の名のもとに、「この政党を支援します」とか「この人を支援します」ということが言えない状況にあります。私は、例えばアメリカのように、自分たちの活動とビジョンを同じくする団体や候補者を「応援します」と言って何が悪いんだろうかと思うんです。

そういうことによって、ＮＰＯ法人が圧力団体としての機能をもっと果たしていく。今のままでは牙を抜かれたカルチャーセンターでしかないと私は思っております。ＮＰＯ法人法の改正をしていくべきだと思います。

若者支援、教育費の無償化、塾や予備校などの準備教育の補助、また、いま大学生は生活保護の対象にはなっておりません。私のところにも、虐待を受けて家を頼れずに、しかし頑張って大学に通っている学生がおります。

そういう子たちが、申請すれば生活保護が得られるように、大学生も生活保護の対象にしてほしいと思っております。

また、虐待防止のために児童相談所の権限を強くする。福祉職、支援職の方々の収入増と社会的地位の向上です。

そして最後に、誰かがやってくれるというのではなく、若者たちが自分たちで変えていくんだという意識を高めるための主権者教育や市民教育です。

さっき申し上げた性教育、若者たち子供たちの職業の選択肢を広げるためのスキル教育。これだけニューカマーの外国人の方が増えておりますので、英語だけではなくて、韓国語をはじめとするアジアの言語、ポルトガル語やスペイン語を第二外国語として教育をしていく。言葉の壁をできるだけ取り払って、お互いのコミュニケーションで、片言でもいいから理解し合えるようにしていく教育をしてはどうかと思っております。

そして最後に歴史教育です。その国の負の歴史も直視して、真摯な歴史教育を行っていくことが必要ではないかと思っております。

〔質疑応答〕

（Q）社会学から教えてほしいんですけど、植民地の支配が終わってから七六年も経つのに、差別はなぜ現在も続いているのでしょうか。

（A）ちょっと的外れになるかもしれませんが、二〇一三年から四年にかけて、東京と大阪、兵庫、京都そして福岡の大学生一〇一四人からアンケートをとりました。「ヘイトスピーチをどう思いますか」というものです。ヘイトスピーチの実例を出して、その中にヘイトスピーチに「共感する」「仕方ないと思う」「やってはいけないと思う」「許されない」など、それに対する姿勢を聞きました。

そういう質問をする一方で、若者たちが自分のことをどう思っているかという、いわゆる「自己概念」「自己肯定感」について尋ねる質問項目を並べたんです。二四ぐらい並べました。それで、「共感する」「仕方ないと思う」というヘイトスピーチ賛成の子の関係性を見たんです。

そうしましたら、だいたいどの数値も、一とか二だったんですけども、次の三つの回答だけが二三とか二四という数値でドカーンと大きかったんです。賛成派とその自己概念が。

一つは「自分は報われていない」という答えです。二つ目は、「親に言いたいことがあっても言えない」という回答。三つ目は「弱い者に八つ当たりしてしまう傾向がある」というものです。

社会学には「重回帰分析」というのがあるんですけども、私はこれを見て、面白い結果だなあと思ったんです。ジャーナリストの安田浩一さんが在特会の人たちにインタビューして、言ってます。「傾向として強いのが、被害者意識の強さ。自分たちだっていい思いしてないのに、なんで朝鮮人がいい思いするんだ」という意識です。つまり「自分たちだって報われていないのに」という意識がやっぱり強いんです。

もう一つ、「親に対して言いたいことがあっても言えない」というのは、やっぱり権威に弱いということです。権威を感じるもの、立場の強いものに対してはものが言えないんです。そして「やつ当たりしてしまう」ことによって、強い者には言いにくいけども、弱い者にそのストレスを向けるという傾向だと思ったんです。

ですから、この蔑視感とか差別意識とかヘイトスピーチは、それを受ける側ではなくて、それを行う側の中に、行為の必然性があるのではないかということです。

僕はその結果を見て、ヘイトスピーチを予防したり防止することも必要だと思いますが、なぜするのかという根本的なところを見ていかないと、対処療法にしかならないと思うんです。

ある社会福祉学科の先生がこう言っていました。

「学生に感想文を書かせると、ある特定の集団に対して憎悪を向ける学生がいる。読んでみて思うのは、彼らにとっては、それを向ける対象は、極端に言ったら誰でもいい。朝鮮人に対しても、生活保護の人に対しても、障害者に対しても向けるし、高齢者に対しても向ける」「たまたまその人の環境の中で、在日朝鮮人に対する蔑視感が培われるような情報が多かったりして在日に対するヘイトがつくられる。生活保護の人に対して、『働きもしないのに金ばっかりもらいやがって』っていうような会話が家庭環境にあると、そういう敵意を持つようになる。実はそれは、たまたまなんだ」

なるほどと思います。ストレスというものがあって、向ける対象は極端に言うと誰でもいい、という現実があるかなあというふうに感じます。

(Q) 二〇二一年の一月からチェンジオーグで「定住外国籍住民に地方参政権を」という活動を始められたということですが、そこに至る過程を少しお話しいただければと思います。

（A）定住外国人の地方参政権の問題は私が始めたわけではなくて、連綿と続けてこられた方々がおられます。で、私がなぜそれをしたいと思ったかというと、私はここ数年、メンタルヘルスの問題をやっているんです。ご存知と思いますが、実は韓国朝鮮籍の人の自殺死亡率がすごく高いんです。日本全体で見ても、他の国籍の方々と比較しても、突出して多いんです。私自身学生時代から大阪におりましたが、堺市にある精神疾患の病院でアルコール依存症を治療しているところの五〇％（当時）の患者が、在日韓国朝鮮人であると職員の人から聞きました。

こう言うと、在日韓国朝鮮人に対する蔑視を助長することになるのじゃないかと言われかねませんが、在日の世界では、このことはやっぱり、あまり触れられてこなかったんです。最近でも、私自身が大阪で一緒に活動させていただいた二世の方が自死されました。また、生野区で地域活動をやっておられるある在日二世の方は、自分のお兄さんと自分の親友とも呼べる四人の在日と、合計五人の方々をこの一〇年間のうちに立て続けに自死で亡くしておられるんです。

こういうことは、やはり在日が置かれている状況の中で、追い詰められた結果としてあるんじゃないかと思っております。二世の方々に多いのは、頑張ってこられた地域活動、民族活動が、なかなか報われないという現実があるからではないかと思うんですね。

実際、今の在日の社会にはなかなか展望が持てません。かつて指紋押捺のとき、私も外国人登録証をビリッと破いて、指紋押捺を拒否して原告の一人になりました。あの時はまだ元気がよかったと思うんです。何か変えていけるという展望があったと思うんです。でもその後、民主党政権で挫折して、地方参政権もポシャってしまった。いま展望がないと思うんです。

私はもう一回、「ちょっと元気出していこうや」と、エンパワーメントみたいな意味があって、その最たるものがやっぱり参政権だと思うんです。在日が日本に渡ってきて一〇〇年です。でも相変わらず、この日本社会の傍観者でしかないというのではダメだと思って、昨年、数人の方と相談して、チェンジオーグを始めさせていただいたというのが経緯《いきさつ》です。

(Q) 月刊誌『コリア・トゥデイ』の者です。地方参政権については、ぜひ頑張っていただきたいと思います。京都だとか大阪だとか神戸だとか、特定の地域のみが民団の三機関長選挙に選挙人登録制度を導入して投票行動をしていますが、在日内における選挙意識は低いです。本国の大統領選挙なんかでも登録者が本当に多くない。一〇%までいかない。元々の三五万人ぐらいがこの日本の中に有権者としているはずです。

同胞内選挙、民主主義的地方参政権について自覚させる教育というものを同胞社会の中でも、何かお考えになっていることがおありになるかどうか、お尋ねしたいと思います。

（A）おっしゃる通りだと思います。やはり在日韓国朝鮮人は、最近でこそ韓国の選挙に参加する権利が与えられましたが、それまでは韓国からも締め出されて、選挙によって制度を変えていくところから、ずっと排除されてきた存在だと思います。

ですからそれによって何かを変えていけるという実感が確かに薄いかも知れないと思っています。

それで、私は定住外国人に参政権を与えろと日本社会だけに要求するのではなく、在日韓国朝鮮人も変わっていかなければいけないと思っています。

私が今回こういう形で立候補することに関して、「よっしゃ、いいぞ」と応援してくれる在日もいれば、ちょっと複雑な思いで見ている在日もいないわけではありません。一つには、ご自身たちに選挙権がないということもあるかもしれないけど、そればかりではないと思います。結局、私は日本籍を取り、それをまあ活かして立候補するわけです。すると、日本籍を取るということが何かいいことのようになってしまう。

「日本籍、イコール同化である」という考え方は、今でも在日社会にはあったりします。そこで私は、「参政権を外国人にも」ということと同時に、「在日韓国朝鮮人には、戦略的に日本国籍を取るということも考えてみてほしい」ということを一方で言っております。

外国人の地方参政権の問題は、在日韓国朝鮮人だけの問題じゃないんです。その要望の、私の頭の中の半分が在日コリアンで、あとの半分はニューカマーの外国人の問題なんです。

皆さん、どんどん永住資格を取って、日本籍取ってる方も多いんです。そして今、ニューカマーの外国人の子供たちも、小学校で「外人、外人」と言っていじめられているわけです。第二第三の在日コリアンが生まれているわけなんです。ですからニューカマーの外国人の方々のこれからの問題でもあるんです。

それと同時に、「国籍イコールアイデンティティ」といった見方は、これも個人の自由ですからあるにしても、皆がみんなそうでなければいけないという考え方は違うと思う。逆にそれは一人一人の自由を拘束することになるのではないかと思っています。

国籍というものは目的ではなくて、国籍を取ってそれを活かして何をするのか、だと思います。国籍はあくまで手段です。国籍は、一回それを持ったらずっと背負い続けなければいけない鎧ではなくて、着脱可能なものではないかと思っております。そういう意味で、戦略的、戦術的に日本国籍を取っていくという選択肢もあるのではないかと、在日社会に問うていきたいと思っております。

（Q）私は在日三世です。外堀を越えて内堀に一歩踏み出すことはなかなかできることではないと思います。大学教授という立場をある意味捨てて、休職中とのことですが、そこに入っていくってかなりの勇気がいったんじゃないかと思います。それについて、もう少し詳しく。

（A）そうですね、私は二〇〇九年に日本国籍を取って以降、選挙に参加したのは、八回だけなんです。この日本国籍を取ったことを、より活かすための積極的な活動はしてこなかったんです。

友人と話していた時に、ポロッと言われたんです。「おめえ、自分がやってみちゃどうだ」と。「えぇーっ」って、青天の霹靂で、考えてもなかったことでしたが、でも確かに投票するだけではなくて、立候補する権利もできたんです。

それと先ほど申しましたように、こちらからお願いをしても、なかなかそれに応えていただける議員の方々も少ない。すごくもどかしい。つくられた制度の中で自分が動くだけじゃなくて、自分が制度を変える側、制度をつくる側になれるんだったらやってみたいという思いが強く湧いてきました。

それともう一つは、この選挙戦を通じて私を見ていただいたら、若い方々、第二第三のキム・テヨンが出てきてほしいなあって思うんです。これは在日コリアンだけではありません。

他の外国人ルーツの方とか、いろんな立場の方々、「ああいう選択肢もあるんだなあ」と思って、もうぜひ手を挙げてほしいなあと、そのことによって日本社会をやっぱり多様化させていく、ダイバーシティに富む社会にしていきたいです。そして国会をそうしていく。結果だけでなくて、このプロセスを大事にしたいと思っています。

（司会）ありがとうございました。

（日韓記者・市民セミナー　第二九回　二〇二二年四月一六日）

〔著者紹介〕

• 有田　芳生（ありた・よしふ）
1952 年 京都府生まれ。出版社を経てフリージャーナリスト。統一教会、オウム真理教事件等の報道にたずさわる。2010 年に民主党から立候補して参議院議員となり、拉致問題、差別、ヘイトスピーチ問題などにとりくむ（~2022 年）。
著書に『北朝鮮 拉致問題――極秘文書から見える真実』（2022 年集英社新書）、『ヘイトスピーチとたたかう！』（2013 年岩波書店）、『改訂新版 統一教会とは何か』（2022 年大月書店）など多数。

• 竹村　雅夫（たけむら・まさお）
1954 年 横浜市生まれ。藤沢市立中学校の教諭を経て、2007 年から藤沢市議会議員（4 期）。
現在、NPO 法人ポトピ理事、社会福祉法人光友会評議員、NPO 法人昴の会理事。

• 金　泰泳（キム・テヨン）
1963 年 愛知県生まれ。父は在日 1 世、母は 2 世。
2008 年 東洋大学教授。専門分野は社会学（共生の社会学、ダイバーシティ論）。
2009 年に日本国籍を取得。2022 年参院選にれいわ新選組から立候補。
著書に『アイデンティティ・ポリティクスを超えて ― 在日朝鮮人のエスニシティ』（1999 年世界思想社）、『在日コリアンと精神障害 ― ライフヒストリーと社会環境的要因 』（2017 年晃洋書房）など。

＊日韓記者・市民セミナー　ブックレット 11 ＊

**いま解決したい政治課題**
**政治と宗教、学校崩壊、定住外国人参政権**

2023 年 4 月 15 日　　初版第 1 刷発行

著者：有田芳生、竹村雅夫、金泰泳
編集・発行人：裵哲恩（一般社団法人ＫＪプロジェクト代表）
発行所：株式会社 社会評論社
東京都文京区本郷 2-3-10
電話：03-3814-3861　Fax：03-3818-2808
http://www.shahyo.com
装丁・組版：Luna エディット .LLC
印刷・製本：株式会社 プリントパック

## YouTube「KJテレビ」日韓記者・市民セミナー

動画配信　二〇二三年一月一〇日現在（第1回～21回、第29回は韓国語字幕あり）
●印はブックレット収録済

●第1回　二〇一九年八月三日
関東大震災「朝鮮人虐殺否定」論反証　加藤直樹（作家）

●第2回　二〇一九年九月二五日
よく知らない韓国（人）を知ろう　権　鎔大（経営コンサルタント）

●第3回　二〇一九年一〇月一八日
特攻隊員として死んだ朝鮮人の慰霊事業　黒田福美（女優）

●第4回　二〇一九年一〇月二六日
JOCの不可解な動き　谷口源太郎（スポーツジャーナリスト）

●第5回　二〇一九年一一月二四日
北送事業60年の総括　菊池嘉晃（ジャーナリスト）

●第6回　二〇一九年一二月一二日
韓国ヘイトと対処法　香山リカ（精神科医）

●第7回　二〇一九年一二月一七日
在日二世の数奇な半生　尹　信雄（元民団倉敷支部団長）

●第8回　二〇二〇年二月一〇日
安倍政権の内政と外交　小池　晃（日本共産党書記局長）

●第9回　二〇二〇年二月二一日
南北韓と韓日関係の展望　平井久志（ジャーナリスト）

●第10回　二〇二〇年七月一日
虚構の「嫌韓」からの解放　澤田克己（毎日新聞論説委員）

●第11回　二〇二〇年七月一五日
川崎でのヘイトスピーチ攻防　石橋　学（神奈川新聞記者）

●第12回　二〇二〇年八月五日
在米コリアンと日系米人社会　金真須美（作家・大学講師）

●第13回　二〇二〇年八月二六日
多様性の中の在日コリアン　金村詩恩（作家・ブロガー）

●第14回　二〇二〇年九月二日
朝日新聞の慰安婦報道と裁判　北野隆一（朝日新聞編集委員）

●第15回　二〇二〇年九月一六日
平行線をたどる徴用工問題　殷　勇基（弁護士）

●第16回　二〇二〇年一〇月一六日
『評伝 孫基禎』の上梓とその後　寺島善一（明治大学名誉教授）

●第17回　二〇二〇年一〇月三〇日
復刻『関東大震災』の意義　高　二三（新幹社社長）

●第18回　二〇二〇年一一月一八日
キムチが食べられる老人ホーム・故郷の家　尹　基（社会福祉法人「こころの家族」理事長）

●第19回　二〇二〇年一一月三〇日
日本学術会議会員任命拒否問題の背景　纐纈　厚（明治大学特任教授）

●第20回　二〇二〇年一二月八日
差別と偏見の現場取材　安田浩一（ノンフィクションライター）

●第21回　二〇二一年四月二七日
『韓国ドラマ食堂』の話　八田靖史（コリアン・フード・コラムニスト）

●第22回　二〇二一年七月一四日
差別実態調査から見るヘイト　権　清志（朝鮮奨学会代表理事）

●第23回　二〇二一年一一月六日
映画『在日』上映と呉徳洙監督を語る　清水千恵子（映画『在日』スタッフ）
●第24回　二〇二一年一一月一九日
記憶を拓く「信州・半島・世界」　田中陽介（信濃毎日新聞編集局デスク）
●第25回　二〇二一年一二月一三日
外国人は「害国人」ですか―日本の「入管体制」を検証する　田中　宏（一橋大学名誉教授）
●第26回　二〇二二年一月一四日
歴史事実に介入する政府と「作る会」　鈴木敏夫（子どもと教科書全国ネット21事務局長）
○第27回　二〇二二年三月一一日
在日オペラ歌手が願う日韓関係　田　月仙（オペラ歌手）
●第28回　二〇二二年三月二六日
日韓関係の危機をどう乗り越えるか　日韓協約の不存在から考える　戸塚悦朗（弁護士）
●第29回　二〇二二年四月一六日
参議院選に出馬～誰もが大切にされる社会実現へ　金　泰泳（東洋大教授）
○第30回　二〇二二年五月一〇日
時務の研究者「姜徳相」関東大震災時の朝鮮人虐殺研究　山本すみ子（姜徳相聞き書き刊行委員会）
●第31回　二〇二二年六月二七日
絶望から希望を見出す　川崎桜本をめぐる　ふたつの物語　金聖雄（映画監督）
○第32回　二〇二二年七月九日
民族的連帯から見るインターナショナリズム 中野重治の朝鮮認識を手がかりに　廣瀬陽一（研究員）
○第33回　二〇二二年七月一七日
在日コリアン研究40年を振り返る　朴　一（大阪市立大学名誉教授）
●第34回　二〇二二年八月三日
ヘイトスピーチ・ヘイトクライム根絶に向けて　師岡康子（弁護士）

○第35回　二〇二二年八月二七日
指紋押捺拒否からヘイトスピーチ根絶へ　ピアノ&トーク　崔　善愛（ピアニスト、週刊金曜日編集委員）
●第36回　二〇二二年九月一三日
「先生不足」が生んだ学校崩壊の現実　安倍「教育再生」路線がもたらしたもの　竹村雅夫（藤沢市議会議員）
●第37回　二〇二二年九月二二日
民主主義を壊す政治と宗教の癒着　旧統一教会の問題性　有田芳生（前参議院議員）
○第38回　二〇二二年一〇月七日
総連と民団の相克七十七年　竹中明洋（フリーライター）
○第39回　二〇二二年一〇月二三日
川越唐人揃いパレードの18年間の取り組み　朝鮮通信使の精神を現代に継承　江藤善章（実行委代表）
○第40回　二〇二二年一一月四日
浅川伯教・巧兄弟への敬愛と感謝　河　正雄（私塾清里銀河塾塾長）
○第41回　二〇二二年一二月一四日
キムはなぜ裁かれたのか　ＢＣ級戦争裁判　内海愛子（同進会を応援する会代表）
○第42回　二〇二三年一月一九日
朝鮮半島取材30年、現場で見た南と北　城内康伸（東京新聞編集委員・東アジア担当）
○第43回　二〇二三年二月一〇日
障害福祉の課題　金重政玉（元内閣府障がい制度改革推進会議政策企画調査官）
○第44回　二〇二三年三月一一日
ソウルから東京を歩く　「第九次朝鮮通信使の意義」　遠藤靖夫（21世紀の朝鮮通信使ウオークの会会長）

■日韓記者・市民セミナー　ブックレット■

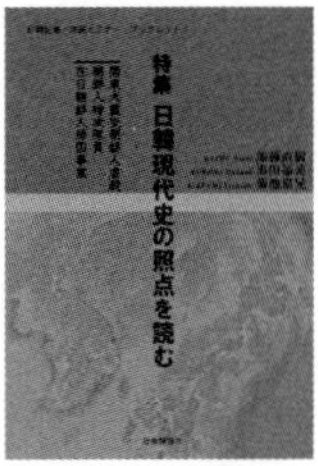


創刊号
**『特集　日韓現代史の照点を読む』**
加藤直樹／黒田福美／菊池嘉晃
A5判　一一二頁　本体九〇〇円＋税
二〇二〇年八月一五日発行

コロナの時代、SNSによるデマ拡散に虚偽報道と虐殺の歴史がよぎる中、冷え切った日韓・北朝鮮関係の深淵をさぐり、日韓現代史の照点に迫る。関東大震災朝鮮人虐殺、朝鮮人特攻隊員、在日朝鮮人帰国事業の歴史評価がテーマの講演録。

第2号
**『ヘイトスピーチ　攻防の現場』**
石橋学／香山リカ
A5判　一〇四頁　本体九〇〇円＋税
二〇二〇年一一月一〇日発行

川崎市で「差別のない人権尊重のまちづくり条例」が制定され、ヘイトスピーチに刑事罰が適用されることになった。この画期的な条例は、いかにして実現したか？　ヘイトスピーチを行う者の心理・対処法についての講演をあわせて掲載。

第3号
**『政治の劣化と日韓関係の混沌』**
纐纈厚／平井久志／小池晃
A5判　一一二頁　本体九〇〇円＋税
二〇二一年二月一二日発行

政権はエピゴーネンに引き継がれ、学会へのあからさまな政治介入がなされた。改憲の動きと併せて、これを「〝新しい戦前〟の始まり」と断じることは誇張であろうか。日本学術会議会員の任命拒否問題を喫緊のテーマとした講演録ほかを掲載。

第4号
**『引き継がれる安倍政治の負の遺産』**
北野隆一／殷勇基／安田浩一
A5判　一二〇頁　本体九〇〇円＋税
二〇二一年五月一〇日発行

朝日新聞慰安婦報道と裁判、混迷を深める徴用工裁判、ネットではデマと差別が拡散し、ヘイトスピーチは街頭から人々の生活へと深く潜行している。三つの講演から浮かび上がるのは、日本社会に右傾化と分断をもたらした安倍政治と、引き継ぐ菅内閣の危うい姿。

第5号
『東京２０２０　五輪・パラリンピックの顛末』
——併録　日韓スポーツ・文化交流の意義
谷口源太郎／寺島善一／澤田克己
二〇二一年九月一〇日発行
A５判　一〇四頁　本体九〇〇円＋税

コロナ感染爆発のさなかに強行された東京五輪・パラリンピック。贈賄疑惑と「アンダーコントロール」の招致活動から閉幕まで、不祥事と差別言動があらわとなった。商業主義と勝利至上主義は「オリンピックの終焉」を物語る。

第6号
『「在日」三つの体験』
——三世のエッジ、在米コリアン、稀有な個人史
金村詩恩／金真須美／尹信雄
二〇二一年一二月五日発行
A５判　一〇四頁　本体九〇〇円＋税

三人の在日コリアンが実体験に基づき語るオムニバス。日本社会で在日三世が観る風景。在米コリアンと在日三世の出会い。日本人の出自でありながら「在日」として生き、民団支部の再建と地域コミュニティに力を尽くした半生を聴く。

第7号
『キムチと梅干し—日韓相互理解のための講演録』
権鎔大／尹基／八田靖史
二〇二二年三月一〇日発行
A５判　一〇四頁　本体九〇〇円＋税

互いにわかっているようで、実はよくわからない——そこを知る一冊。韓国文化と生活習慣の理解が在日高齢者の介護に不可欠だという「故郷の家」。韓国ドラマの料理から文化と歴史を探る。

第8号
『歴史の証言—前に進むための記録と言葉』
田中陽介／高二三／金昌寛、辛仁夏、裵哲恩、清水千恵子
二〇二二年六月二八日発行
A５判　九六頁　本体九〇〇円＋税

講演で紹介された信濃毎日新聞の特集は、誠実に歴史に向き合うことの大切さを教えてくれる。姜徳相著『関東大震災』復刻と、呉徳洙監督の映画『在日』は、前に向かって進むためのかけがえのない歴史記録。

第9号

**『千円札の伊藤博文と安重根』**　二〇二一年九月二七日発行

**——入管体制、日韓協約、教科書検定から制度と社会を考える**

田中宏／戸塚悦朗／鈴木敏夫　A５判　一〇四頁　本体九〇〇円＋税

外国人に対する入国管理と日本社会——、そこに現れる差別と排外主義の歴史をたどると、日本による勧告併合に行き着くという。安重根（アン・ジュングン）による伊藤博文銃撃事件と、今どのように捉えるか…。近現代の歴史を教える学校教育と教科書検定の現在を併せて検証する。

第10号

**『ヘイト・差別の無い社会をめざして』**　二〇二三年一月二〇日発行

**——映像、人権、奨学からの取り組み**

金聖雄／師岡康子／權清志　A５判　一〇四頁　本体九〇〇円＋税

ヘイトスピーチは単なる暴言や憎しみの表現ではなく、本質的に差別である。社会からこれを無くすための、川崎・桜本の映画制作、法と条例の限界を超えて進もうとする法廷闘争、在日の若者たちに対する差別実態調査など三つの取り組みを紹介する。

# ブックレット創刊のことば

日韓関係がぎくしゃくしていると喧伝されています。連日のように韓国バッシングする夕刊紙、書店で幅を利かせる「嫌韓」本、ネットにはびこる罵詈雑言。韓流に沸いた頃には考えられなかった現象が日本で続いています。その最たるものが在日を主なターゲットにしたヘイトスピーチです。

一方の韓国。民主化と経済成長を実現する過程で、過剰に意識してきた、言わば目の上のたんこぶの日本を相対化するようになりました。若い世代にすれば、「反日」は過去の遺物だと言っても過言ではありません。支持率回復を企図して政治家が「反日」カードを切るパフォーマンスも早晩神通力を失うでしょう。

ことさらに強調されている日韓の暗の部分ですが、目を転じれば明の部分が見えてきます。両国を相互訪問する人たちは二〇一九年に一〇〇〇万人を超え、第三次韓流は日本の中高生が支えていると知りました。そこには需要と供給があり、「良いものは良い」と素直に受け入れる柔軟さが感じられます。

コリア（K）とジャパン（J）の架け橋役を自負するKJプロジェクトは、ユネスコ憲章の前文にある「相互の風習と生活を知らないことは、人類の歴史を通じて疑惑と不信をおこした共通の原因であり、あまりにもしばしば戦争となった」「戦争は人の心の中で生まれるものであるから、人の心の中に平和のとりでを築かなくてはならない」との精神に立脚し、日韓相互理解のための定期セミナーを開いています。

このブックレットは、趣旨に賛同して下さったセミナー講師の貴重な提言をまとめたものです。食わず嫌いでお互いを遠ざけてきた不毛な関係から脱し、あるがままの日本人、韓国人、在日の個性が生かされる多文化共生社会と、国同士がもめても決して揺るがない市民レベルの日韓友好関係確立を目指します。

二〇二〇年八月

---

一般社団法人 KJ プロジェクトは、会費によって運営されています。日韓セミナーの定期開催、内容の動画配信、ブックレット出版の費用は、これにより賄われます。首都圏以外からも講師の招請を可能にするなど、よりよい活動を多く長く進めるために、ご協力をお願いします。

会員登録のお問い合わせは、

▶ KJ プロジェクトメールアドレス cheoleunbae@gmail.com へ